中国校园足球运动的理论与 实践研究

倪宏竹　葛振斌　薛　伟　◎著

中国原子能出版社

图书在版编目（CIP）数据

中国校园足球运动的理论与实践研究 / 倪宏竹 , 葛
振斌 , 薛伟著 . -- 北京 : 中国原子能出版社 , 2017.7（2024.8重印）
　　ISBN 978-7-5022-8395-7

　　Ⅰ . ①中… Ⅱ . ①倪… ②葛… ③薛… Ⅲ . ①足球运
动—教学研究—高等学校 Ⅳ . ① G843.2

中国版本图书馆 CIP 数据核字 (2017) 第 196237 号

中国校园足球运动的理论与实践研究

出版发行	中国原子能出版社 (北京市海淀区阜成路 43 号 100048)
责任编辑	王　朋
责任印刷	潘玉铃
印　　刷	三河市天润建兴印务有限公司
经　　销	全国新华书店
开　　本	787 毫米 *1092 毫米　1/16
印　　张	12
字　　数	208 千字
版　　次	2017 年 11 月第 1 版
印　　次	2024 年 8 月第 2 次印刷
标准书号	ISBN 978-7-5022-8395-7
定　　价	52.00 元

网址: http//www.aep.com.cn　　　　E-mail:atomep123@126.com
发行电话: 010-68452845　　　　　　版权所有　翻印必究

作者简介

倪宏竹，男，1978年7月生。宁夏银川人，汉族，西安体育学院教育学硕士，河南科技大学体育学院讲师，主要从事体育教育训练学的教学和研究。近年来在各种学术期刊发表论文20余篇，出版专著2部，主持参与省级课题6项，现任教于河南科技大学体育学院。

葛振斌，男，1976年2月生。山西省天镇县人，汉族，北京体育大学教育学硕士，山西大同大学体育学院副教授，主要从事体育教育训练学的教学和研究。近年来在各种学术期刊发表论文30余篇，出版专著1部，主持参与省级课题3项，现任教于山西大同大学体育学院。

薛伟，男，1978年4月生，新疆玛纳斯县人。上海体育学院教育学硕士，浙江丽水学院大学体育部讲师，主要从事体育教学和训练研究。近年来在各类学术期刊发表论文多篇，主持和参与省级课题3项，现任教于浙江丽水学院大学体育部。

□ 前言 □

足球是一项名副其实的国际运动。它流行于各大洲的每一个国家，男女老少，不分性别，更无年龄局限。不论是街头巷尾、泥泞田野、人满为患的运动场，还是草地、混凝土地、泥沙土地上，足球随处可见。随着较小国家缓慢但平稳地赶超已有的足球强国，比赛水准在不断提高。世界上越来越多的人正在通过文字、图片、广播、网络和电视荧屏接触足球运动。

随着中国足球的进一步深入发展，中国足球迎来了一个全新的时代。足球必将重新唤起中国球迷的信心和热情。

青少年的业余生活是丰富多彩的，而足球运动以它独有的魅力赢得了众多青少年的青睐。足球运动已成为青少年最重要的锻炼手段。中国足球的希望在于广大的青少年参与到足球运动中来。在这样一个大背景下，撰写了《中国校园足球运动的理论与实践研究》一书。

本书共五章，具体内容安排如下：第一章是足球运动概览，分别从世界足球运动简述、足球运动的特点与规律、中国古代足球运动溯源和足球运动在中国这四个方面进行阐述；第二章通过足球运动与健康、足球的运动素质和足球运动的体能三个方面来论述足球运动体能与素质；第三章为足球运动的技术与训练，探讨足球运动的热身训练，足球运动的手臂、胸部、腹部训练，足球运动的力量训练，足球运动的全身训练和足球运动的基本技术；第四章围绕着足球运动比赛与战术，研究足球实用战术、足球运动竞赛组织、规则与裁判法、赛期内的准备和赛期的营养；第五章则分别通过足球运动中的医学检测、足球运动中常见的疾病和损伤和足球运动中的营养三方面来诠释足球运动的伤害与防护。

在本书中，倪宏竹（河南科技大学）负责撰写第一章、第二章、第三章第四节；葛振斌（山西大同大学）负责撰写第三章第五节、第四章；薛伟（丽水学院）负责撰写第三章第一节～第三节、第五章。

本书的写作汇集了作者辛勤的研究成果，值此脱稿付梓之际，深感欣慰。本书在写作过程中，虽然在理论性和综合性方面下了很大的功夫。但由于时间仓促，在专业性与可操作性上还存在着较多不足。不妥之处希望各位专家学者和广大的读者能够予以谅解，敬请批评指正并提出宝贵意见，当尽力完善。

作　者

2017 年 7 月 25 日

CONTENTS

目录

第一章　足球运动概览

第一节　世界足球运动简述

一、世界足球的特点

足球运动有着"世界第一运动"的称号，它是一项在同一个场地，两方队员用脚来踢球，进行攻和守的体育项目。它是世界上最受人们喜爱、开展最广泛、影响最大的体育运动项目。有些国家将足球定为"国球"。一场精彩的足球比赛，吸引着成千上万的观众和数以亿计的电视观众，而成为电视节目中的重要内容，有关足球消息的报道，在世界上各种报刊上都有所体现，当今足球运动已成为人们生活中不可缺少的组成部分。据不完全统计，现在世界上经常参加比赛的球队约80万支，登记注册的运动员约4000万人，其中职业运动员约10万人。

足球运动之所以能成为世界第一运动，有如此大的魅力，被称为王中王，不仅在于足球运动蕴藏着丰富的内涵，而且还有其独特的魅力。

（一）比赛的风格特点

足球的精巧是优美的艺术，足球技巧精湛、高超、复杂、细腻。在足球运动中头、脚、膝、胸、臀、肩都可以使用，所以其运用的身体部位要比其他运动更加的全面、更加的丰富。运动员对身体各部位的利用越全面就会越显得技术更加的高超，但是我们日常生活的手、手臂在足球运动中不能使用。足球运动中的停球、传球、带球、过人、射门等基本功，学会每一项都很容易，但是要精通非常难。一些高难动作——鱼跃冲顶、倒挂金钩、飞身铲射、凌空抽射等令人叹为观止。在比赛场上的球员运球时更是出神入化。1986年世界杯，马拉多纳连过数人最后将足球送入英格兰队大门的经典一幕永远不会被人们所遗忘。

足球的粗野是壮美的，要从体能、体魄上较量。在比赛中双方运动员经常会发生身体上的一些碰撞和对抗的动作。足球规则中允许合理的冲撞、铲球。而且每个运动员在每场比赛中大约要奔跑10000米以上，时间长达90分钟，所以，对足球运动员体能的要求非常高，要能保持90分钟以上，随时能够突然起动。

足球运动是在众多体育运动项目中较少的是以力量为基础的身体技术直接对抗，足球运动的方式是力量和技术的结合、也就是粗野和精细结合的完美表现，才能使人们在满足欣赏精美艺术的同时还能满足对野性力量的崇拜。

（二）比赛场地的特点

足球比赛吸引观众的是有够大的场面。比赛场地大使比赛气派且富于变化，黑白相间的皮球飞跃的距离十分可观，高低远近几乎不受限制。足球比赛场地的色彩美是精彩场面的重要组成部分，足球的黑白颜色在碧绿的草坪上飞跃，两队球员的各色球衣和场地广告牌都吸引着观众的视线。场面往小了说，比赛双方队员在球场上针锋相对、比拼各自的技艺，团队的协作能力，教练的战术，足球在赛前赛后的所有相关的信息都是人们注意力的集中点。在足球比赛过程中，运动员所展示的是人类的身体美和技术美，观众们购买球票观看比赛获得的是美的充分感受。这就是足球大场面与小场面有机统一体现出的美学价值。

（三）比赛结果的不确定性

足球比赛的时间长，每场比赛一般都是90多分钟，可是进球的概率非常小，很多都是一场比赛的胜负都是通过一个球进入决定的。还有就是双方比赛会经常出现平局（0：0）。这些特点把长时间的抗衡和一瞬间的突破结合到一起，不是简单的量变和质变的机理可以解释的。在长达90多分钟激烈的比赛中，进球机会稍纵即逝，一旦抓住机会实现进球，就意味着巨大的成功，错过了进球的机会，可能会导致比赛输掉。所以在比赛时机会难得，双方长时间的攻防博弈，和耐心的等待、捕捉都是为关键的一瞬间做准备。这一瞬间就显得无比的宝贵，不能错失这个良好的机会，这样胜算才能大一些。在一场足球比赛中，之前大部分时间都占尽优势，如果被对手抓住一次机会有可能就会输掉整场比赛。进球者与队友、观众狂热的兴奋是人获得美感的明显体现，失败者痛惜的泪水正是悲壮之美的最好体现。

（四）比赛的艺术性特点

足球比赛的宏观微观统一性，持久瞬间的矛盾性赋予足球比赛丰富的战略和战术，使足球的博弈更具艺术性。相比而言，篮球、乒乓球这些运动虽然也极其精巧，但在竞争中，技术和实力的作用大大高过了其他的因素，甚至战术选择也完全被技术特色决定了，实力高低与胜算大小机械性的成比例，这就缺少了战略意识，使艺术空间狭窄。足球的指挥难度相对大一些，要根据对手的风格、打法，比赛赛制、形势，在战略考虑基础上制定战术。要施展计谋，打心理战，虚虚实实，出奇制胜。实力弱的球队严防死守是强队面对的难题，强攻可能导致后方不稳，给对方反击的机会，这种两难是"矛""盾"的古老争论在现代足球场上的再现。

二、世界足球的诞生地——英格兰

古代足球经历了几十个世纪的漫长的发展，始终未能成为一种世界性的体育比赛项目。1863年10月26日，足球协会在伦敦成立，这标志着现代足球的诞生，英格兰无可争议地被确认为现代足球的诞生地。

所以说，现代足球运动的产生不是一蹴而就的，它是经过过去的或者古代足球运动的发展的一个漫长的继续，也是现代体育分化的必然结果。英格兰足协的成立，只不过是这个过程中的一个里程碑。

19世纪，随着划船、板球和拳击运动在英国被公众广泛接受，足球也被引入公共学校。但是其没有统一的规则，每个学校都是根据自己的特点制定自己的规则，这样就导致出现了各种各样的足球规则，比赛中采取各自认为合法的动作或行为。1863年10月26日，伦敦11个最主要的俱乐部和学校在伦敦的弗里森酒店举行会议，创立了最早的足球协会——英格兰足球协会，与此同时也产生了世界上第一个统一的足球规则。随着英格兰足球协会的创立，有别于英式橄榄球的英式足球正式产生。这一日被世界公认为现代足球的起源日。

1872年英格兰与苏格兰之间进行了历史上第一次足球协会间的比赛。1885年在英国建立了世界上第一个职业足球俱乐部。到19世纪末，欧洲和南美洲及其他洲的一些国家先后成立了足球协会，成立了职业足球俱乐部。这种情况大大地促进了各国足球运动的开展，同时国际比赛日渐增多。为适应足球运动发展的需要，1904年5月21日，在法国巴黎召开了欧洲各国足球协会代表会议，当时有法国、比利时、西班牙、荷兰、丹麦、瑞典、瑞士七国参加。共同创立了国际足球协会。国际足球联合会正式成立于法国巴黎圣奥诺雷街229号法国体育运动协会联盟驻地的后楼。国际足联的法文缩写为FIFA。当时法国代表格林先生也邀请英国足球协会成员出席会议，但英国人拒绝出席会议。到1905年4月14日英格兰足球协会宣布承认国际足球联合会并要求加入国际足联。苏格兰、爱尔兰、威尔士足球协会也相继步英格兰的后尘加入了国际足联。

三、世界职业足球俱乐部

俱乐部是个外来语，是英文 Club 的音译，原来的意思是"总会"或"社交圈"，泛指娱乐场所。俱乐部是一种组织制度的代名词，传统意义上的俱乐部大多数为会员制，会员交纳会费，民主选举管理层，制定规章制度，会员的活动范围在一定程度上是封闭的。

现代足球在世界各地发展的不平衡和水平的高低不一，一方面是由于它与各地的普及程度有关，另一方面则直接受到职业化程度的影响。欧洲和南美洲的足球，无论技术、战术水平，还是比赛成绩，都要高出其他地区一大截。这种现象，除由于足球高度普及外，主要还是广泛地开展职业足球。球员受职业化培养，球队靠职业化训练和管理，职业足球垄断了这些地区的足坛。

职业足球是现代足球发展的必然，它随着足球运动的兴起而产生，也随着足球运动的发展而壮大。英格兰不仅是现代足球运动的发源地，而且也是职业足球的摇篮。

第二次世界大战后，职业足球在绝大多数欧洲、南美国家迅速兴起和发展。东欧国家中，南斯拉夫也于1966年第一个正式宣布接受职业足球的制度。

职业足球到20世纪50年代进入全盛时期，70年代达到高潮。

职业足球最重要的特征是俱乐部制。俱乐部是一个实体，属国家和地区足协领导，但经济和管理上完全独立，其主要经济来源是靠门票、电视转播费、广告费、球员转会费等收入。管理上采用聘任制，根据教练员、球员的技能和表现发给薪金和奖金。双方订有合同，并具法律效力。

（一）基本条件

在欧美地区，各国足球协会和职业足球联盟对职业足球俱乐部成立及相关的条件、数量等有着严格的限制。一般而言，足球俱乐部必须具备以下四个基本条件才可以提出申请：(1)要有标准的比赛场地和相应的训练场地；(2)要拥有一定的注册资金和周转资金；(3)要有一支相当实力水平的球队；(4)要承担后备力量的培养，附设青少年队伍。在以上四个条件中，前两个是足球俱乐部得以正常运转的保证，第三个是足球俱乐部的基本保证和参与标志，第四个是职业足球俱乐部的基础。这是欧美国家职业足球俱乐部普遍的准入条件。

（二）基本特点

1. 独立的经营核算

所谓独立经营核算，意味着足球俱乐部是一个独立的经济实体，是一个企业。足球俱乐部在符合条件的情况下向本国足球协会及有关单位提出书面申请，同时必须提供地方政府部门出具的符合要求的足球场地证明，在足协登记注册后，足球俱乐部即享有法人权利。经济上自筹资金，自负盈亏，根据国家有关规定上缴利润和税收。足球俱乐部在规定约束的范围内进行自由竞争，同时可通过各种渠道筹措资金，并受法律保护和约束。

值得一提的是，国外的足球俱乐部是高度商业化的经济实体，俱乐部的管理权交由既懂经济又懂足球的专家来担任，而且经济专家占据更为重要的地位，因为他既要使足球队赢球，又要让俱乐部赚钱。在意大利足坛曾流行这样一种说法，当部长容易，当职业足球队的管家难。各足球俱乐部为了生存，对于机构和人员的设置与安排，采取优化组合，上至董事长，下至一般工作人员都需采取公开招标考核的方式进行，凡符合条件者，双方签订带有严格约束力的合同。在足球俱乐部工作的职员都要有较高的文化修养、商业知识和实际经营的经验以及足球专业知识。

2. 员工实行合同制

根据球队建制的要求，足球俱乐部在经济实力允许的条件下，依据足协规定的范围，自由聘请教练员和运动员。同时，教练员和运动员也具有充分的自主权和选择权，根据自身条件和球队的环境来自由选择足球俱乐部。当然，合同制是职业足球俱乐部管理的核心，是规范各方面关系的法律基础，也是保证各方利益在各自职责要求范围内的法律文本。为了调节合同关系中的争议事项，双方商定仲裁协议以保证纠纷的合法性和公平性，教练员、运动员和足球俱乐部合同关系中的一切纠纷，一般由劳动法庭解决。

总之，职业足球俱乐部是一个独立的经济实体，有一套行之有效的管理体系，并实行严格的科学管理。

第二节　足球运动的特点与规律

一、足球运动的特点

(一) 集体合作的前提性

足球比赛是以每队 11 人上场参赛的集体球类项目。足球场上 11 人所在位置、各自的职责、分工虽然不同，但是球员们必须按照所定的战术策略和要求共同努力、团结一致，形成一个整体，才能为赢得比赛提供主动权。

(二) 对抗的特殊性

(1) 一对一的对抗到整体的对抗。

(2) 有球的对抗到无球的对抗。

(3) 同队的压力、对手的压力、环境的压力、心理的压力都会作用到一次简单的动作中。

(三) 个人能力的综合性

个人能力是足球运动的基础，独特的个性特征与个人竞技能力要与集体技战术有机结合，才能充分发挥个人的综合能力。

(四) 技术的多变性

足球运动的技术是多样的，战术上是多变的。足球比赛的胜负难测是现如今足球运动的一个独特特点。在足球比赛时双方攻守转换快速而频繁，足球运动员比赛时候的位置和各自的职责随着比赛进程的变化一样在不断地变化，运动员的不断提高的技术能力和多变的战术指挥打法，使得比赛充满活力，比赛的输赢充满了悬念。

(五) 运动的艰苦性

通过研究我们知道，一场 90 多分钟的激烈足球比赛，运动员活动距离大约 9000—14000 米，其中快速冲刺距离在 2500 米左右，比赛中完成技术动作近百余次，运动员心率在 180 次／分以上时间约有 32 分钟，氧消耗超过 300 升，热量消耗达 1500—2000 千卡，体重下降 2—5 千克。

(六) 技战术体能的专项性

技战术体能的专项性主要表现在体能训练的技术化、体能训练的阶段性。体能训练水平与技战术水平的提高必须同步进行。

(七) 比赛技术环境的不可重复性

训练中的技术运用不能等同于比赛中的技术运用，许多特定的比赛环境是不容易再现的，某一场比赛的情境是无法还原的。

(八) 比赛技术和训练技术的非一致性

训练虽然是为了解决比赛中存在的问题，但训练与比赛有着极大的区别，其间的心理感受模式及情绪体验是不能同日而语的。

(九) 对抗中的及时性、准确性

在激烈的比赛对抗中。一切动作都有一个及时性与准确性的问题。传球不及时，得分机会稍纵即逝；回位不盯人，对方就有可乘之机。

(十) 易行性

足球比赛所需要的器材、设备要求不是很高，比赛组织开展非常简便。简单点的足球比赛对时间、人数、场地、器材等都没有限制，是一项深受人们喜爱的群众性体育项目。

二、足球运动的规律

（1）足球运动具有以有氧耐力为基础，以有氧无氧和混合氧供能为特征，突出非乳酸能速度耐力训练的生理变化规律。

（2）足球运动具有以技术、技巧为基础，以战术意识为灵魂，以身体、心理和意志力为保证，突出综合性技战术训练的运动规律。

（3）足球运动具有以变化性、整体性、对抗性为特点，突出高强度对抗性的规律。

（4）足球运动具有以训练为基础，以比赛为目标，以比赛带动训练，突出比赛实用技术运用的规律。

第三节　中国古代足球运动溯源

一、古代足球的名称与起源

蹴鞠便是踢球，是中国古代足球名词。《辞海》："蹴鞠亦作'蹙鞠''蹋鞠''鞿鞠''蹴蹧''蹴鞠'。中国古代的一种足球运动。"蹴鞠一词首先见于《史记·扁鹊仓公列传》，其后在《汉书》中多次出现，唐人颜师古在《汉书·艺文志》中注释说："鞠，以皮为之，实以物，蹴蹋之以为戏也。蹴鞠陈力之事，故附于兵法焉。蹴音子六反，鞠音巨六反。"就是说，蹴鞠是以脚踢皮制的实心球，用现在的话说便是足球，当时的读音也不是现在的读法。但是唐代以后球的制作方法改变了，踢法也变了，又出现了许多新名称。

《辞海》中说："蹴鞠亦作蹙鞠，蹋鞠……"蹋鞠是最早的名称。比《史记》更早的著作《战国策·齐策》中记齐国首都临淄人民的娱乐生活，"其民无不吹竽、鼓瑟、击筑、弹琴、斗鸡、六博、蹋鞠者"。这段话被引用在《史记·苏秦列传》中，《史记索隐》注释说："刘向《别录》曰蹋鞠者。……蹋亦蹴也。"在《史记·扁鹊仓公列传》中又出现了蹴鞠一词，"（项）处后蹴鞠，要蹶寒，汗出多，即呕血"。《史记集解》的注释是："徐广曰，一作踘。"这说明了在汉代以前是用蹋鞠一词，蹴鞠一词是在汉代出现的，汉代初年是两词并用，以后才确定蹴鞠是基本词汇，虽又出现许多不同名词，蹴鞠一词一直被使用。

由于社会生产力的进步，唐代的球制作方法有了改进，名称便随之有变化。唐人徐坚在《初学记》中说："鞠即毬字，今蹴鞠曰毬戏。古用毛纠结为之，今用皮，以胞为里，嘘气闭而蹴之。……又蹴鞠之处曰毬场。胜者所得谓之毬采。"（见《康熙字典·毬字条》）这说明了由于器物的改进，鞠便改为球，蹴鞠便改成为蹴球。马端临在《文献通考·乐考》中说："蹴球盖始于唐，植两修竹，高数丈，络网于上，为门以度球。球工分左右朋，以角胜负否。"于是在宋代史籍中便用了蹴球一词。《宋史·乐志》："百戏有蹴球，上竿，筋斗……"《武林旧事·诸色伎艺人》："蹴球：黄如意、范老儿、小孙、张明、蔡润。"《中山诗话》："会公蹴球后园"，蹴球成为踢球的通用词。蹴，筑一音之转，蹴球又成为筑球，于是又有了筑球一词，唐人韦庄诗："隔街闻筑气球声。"《东京梦华录·宰执亲王宗室百官入内上寿》："第六盏御酒，笙起慢曲子……左右军筑球。"《宋史·礼志》："使人到阙、筵宴，凡用乐人三百人，筑球军三十二人，起立球门行人三十二人。"但这种筑球名称常常是只用于有球门的踢球表演。

元明时代，戏曲小说盛行，民俗口语都渗入于文学之中，因此蹴鞠的异名就更多了，仅在《金瓶梅》小说之中就有蹴鞠、踢球、踢气球、踢行头、踢圆、圆情等名称。踢球、踢气球是由蹴球转化而来，蹴即是踢，踢球是通俗的称呼。"贲四戏道：平安儿从新做了小孩儿，成日只踢球耍子。"（《金瓶梅》第三十五回）踢气球则是表明球是充气的，"西门庆正看着众人在内打双陆、踢气球、饮酒"。（《金瓶梅》第十五回）踢行头则是由艺人使用的术语演化而来，"行头，旧戏曲服装的通称。包括盔、帽、蟒、靠、帔、官衣、褶子、靴、鞋等"。（《辞海》第823页）蹴鞠艺人把球也称为行头，因此便有了踢行头的词语。"当下桂姐袖中取出春扇儿摇凉，与西门庆携着手，看桂卿与谢希大、张小闲踢行头。"（《金瓶梅》第十五回）因为球是圆的，所以踢球也叫踢圆，"亦有《朝天子》一词，单表这踢圆的始末"。（《金瓶梅》第十五回）吴月娘在见了陈敬济后，书中有一首诗描述陈敬济："自幼乖滑伶俐，风流博浪牢成。琵琶笙筝箫管，弹丸走马员情。"（《金瓶梅》第十八回）员情便是圆情，就是踢球，在《隋唐演义》中说的十分清楚。"踢罢行头，柴郡马取白银二十两搭合两位圆情美女，自银五两谢两个监论圆情朋友。"（《隋唐演义》第十七回）圆情原是蹴鞠艺人的内部行话，即艺人必须要通达圆社中的情理。宋代蹴鞠专业书《蹴鞠谱》中说："如有盗师轻学，不达圆情，此非人也。"因此通达圆社情理的蹴鞠艺人便被称为圆情。《隋唐演义》第十七回："这些话不过二人附耳低言，却被圆情的听得。"由蹴鞠艺人被称为圆情进一步引申其意便成为踢球。李开先《赠蹴鞠客阙美》："众技君皆可，圆情更不同。"因为球是圆的，蹴鞠艺人的组织叫园社，所以踢球便又叫蹴圆；顾起元《客座赘语·国初榜文》："奉圣旨：在京但有军官、军人学唱的割了舌头，下棋、打双陆的断手，蹴圆的卸脚。"

除了以上的蹴鞠异名之外，在史籍中还有趯鞠、踏鞠、踢鞠等名称。段成式《酉阳杂俎》卷五："张芬常于福感寺趯鞠，高及半塔。"褚人获《坚瓠集·周铁墩传》："申时行相国家一伶工，踢鞠、角抵、趯跃，虽复俊鹘飞隼莫之过也。"《隋书·突厥传》："男子好樗蒲，女子踏鞠。"这些名称都是由蹴鞠一词的蹴演化而来。

《辞海》蹴鞠条所说："亦作蹵鞠、鞠鞠、踘鞠、蹴鞠……"这些均是异字而非异名，蹴球、筑球、踢球、踢圆、蹴圆、踢行头、圆情、趯鞠、踏鞠、踢鞠才是异名，除了个别词语可能是文人所造，大多数词语都是在一个地区或一个时代流行而形成的，后来才出现在史籍文献中。由此可见，中国古代蹴鞠历史悠久，流传广泛，随着时代文化风俗的变迁而产生了众多的不同名词。

从文献记载来看，两千五百年前的战国时代就有了蹴鞠，齐国临淄城的人民已把蹴鞠和吹竽、弹琴、六博当作是消闲娱乐，较为广泛的开展了，其起源时间应该更早一些。西汉学者刘向在其所著《别录》中说："蹴鞠者，传言黄帝所作。蹴鞠，兵势也，所以练武士知有材也。"其子刘歆在《七略》一书中也说："蹴鞠者，传言黄帝所作。"都是把蹴鞠起源时间定在四千六百年前的黄帝时代，因为黄帝时代尚无文字记录，所以刘向父子都说是"传言"，是口口相传的说法，没有文献依据，但汉代以后的文人大都认为蹴鞠起源于黄帝时代是可信的，唐人蔡孚在《打球篇序》中说："打球者，往之蹴鞠古戏也，黄帝所作兵势以练武士。"宋人黄朝英在《靖康缃素杂记》中说："此戏生于黄帝，蹴鞠意在军戎也。"明人陈继儒在《太平清话》中说："蹋鞠始于轩后（即轩辕黄帝），军中练武之剧。"清人顾湃在《过同年颜淡园寓观蹴鞠》诗中说："吾闻黄帝开球场，貔貅习练都跳梁。"都是认为黄帝创造蹴鞠以训练兵士的说法是可信的。

中华五千年文明肇始于黄帝时代，因为在这个时期社会生产发展了，房屋、衣冠、车船都已建设较为完备；制度、礼仪、伦理、社会文明已初具规模；蚕丝、指南针等科学文化有所发展创造。在这种社会文明的氛围中，体育文化也得到了较好的发展。在氏族部落统一的战争中，蚩尤部落为提高战斗力，创造了以游戏方式训练兵士"以角抵人，人莫能御"（《述异记》）的角抵戏；在战争胜利和丰收的庆祝会上，有"击石拊石，百兽率舞"（《尚书·舜典》）的乐舞娱乐；在温饱之余还有消闲的游戏活动，"有年五十击壤于路"（《论衡》）的击壤游戏。在这样文明程度和文化氛围中创造蹴鞠，"练武士知有材"的军事游戏，完全是可能的，可信的。

在两千年前考古学尚未兴起而文献记载又不足的情况下，对于史前文化，刘向父子只能写作"传言"，后代学者也只能根据文化发展作合理的推断，近百年来考古工作有了极大的发展，出土文物不断发现，对于史前文化有了较可靠的根据。1973年长沙马王堆汉墓出土了大批帛书，其中有一部是战国早期人著作的《十大经》，其《正乱》篇中记述了黄帝与蚩尤部族战争的结果，"……黄帝身遇蚩尤，因而擒之，剥其革以为干候，使人射之，多中者赏之。剪其发而建之天，名曰蚩尤之旌。充其胃以为鞠，使人执之，多中者赏"。这段文字说明了早在战国初期便有了蹴鞠是起源于黄帝时代的说法，只是起源的原因并非是为了练兵而创造的游戏，而是在胜利之后的复仇欢庆中，剥下敌人的皮制成箭靶，剪下敌人的毛发做成旗头，裁下敌人的胃当球踢。这种惩罚性的复仇措施在世界各个民族中的都曾有过，在战胜敌人之后，举行各种惩罚敌人的欢庆游戏。如果《十大经·正乱》记述的是史实，则可以说明，世界各民族原始的文化发展轨迹是近似的。

1953 年考古工作者在西安半坡发现了新石器时代人类的村落遗址，其使用的石器中有不少是石球，"石球是石器里面比较突出的一种，不但数量多，而且磨制得光滑而又规则，直径自 1.5 厘米至 6 厘米"。(《新石器时代村落遗址的发现——西安半坡》，《考古通讯》1955 年第 3 期) 打磨得光滑而又规则的石球不可能是打猎用的抛石，作为装饰品的石器则又太大，唯一可能的便是作为游戏的器具。在半坡的墓葬中有一个女孩的墓 (152 号墓)，在墓葬中她的脚下放着一个尖底瓶和陶钵、陶罐，在陶钵下有三个石球。石球的位置能够表明是作为足踢的游戏器具。西安半坡石球的出土很能为黄帝时代就有蹴鞠游戏作为证据，因为黄河中游正是黄帝部落生活的地区，新石器时代距今五千年，与黄帝时期年代也基本吻合。

黄帝时代所使用的球是石质的而不是皮革制成的，《十大经·正乱》中说："充其胃以为鞠"，可能是启发用皮革制鞠的开始。从民族民俗学角度来研究，踢石球是最古老的蹴鞠游戏，这种游戏一直在民间潜流着，直到明清时代。明人刘侗在他所著的《帝京景物略》中记述北方地区的体育活动。"十一月，小儿及贱闲人以二石球置前，先一人踢令远，一人随踢其一，再踢而及之，中之者胜。一踢即着焉，即过焉，与再踢不及者，同为负也。再踢而过焉，则让先一人随踢之。"清人富察敦崇在《燕京岁时记》中也记述了踢石球游戏。"十月以后，寒贱之子，琢石为球，以足蹴之，前后交击为胜。亦蹴鞠之类也。踢球一事，自金元以来即有之，不自今日始矣。"明清时代踢石球已有简单的方法和规则，并说有很久远的历史，是蹴鞠之类的活动，是民族传统文化，与半坡出土的石球相印证，可以认为早在五千年前就有了踢石球游戏，就创造了蹴鞠，只是那时的球不是皮制的。

黄帝时代创造蹴鞠到了战国时代才见之于文字记载，夏、商、西周两千多年时间为何是一片空白？殷墟发现的甲骨文是中国书写文字的开始，在牛骨龟甲上刻下的卜辞文字尚未规范，需要研究对照才能辨认。汉代的画像石刻《舞乐百戏图》中就有蹴鞠舞表演，在音乐伴奏下上身舞动，双足蹴鞠。从事物的发展来说，由练兵的蹴鞠游戏演化为祭神求雨的鞠舞，鞠舞的进一步发展提高便成为宴乐表演的蹴鞠舞，而另一方面的发展便是蹴鞠运动。这方面重要的论据便是字的真正意义，尚有待于进一步考证，备此一说，供作参考。

中国蹴鞠起源于黄帝时代的传说是可信的，但并非是可靠的，因为远隔五千年时间，文字记载的只是传闻，尚需要考古工作者的新发现作为证据，才可以确定下来。我们探讨蹴鞠的起源于黄帝时代，并非是追求古老悠久以增加蹴鞠声价，事实上，古老并不一定珍贵，悠久也未必就价高，但五千年前就创造了蹴鞠，可以说明中华民族的悠久文化，也可以说明中华民族是具有发展足球的智慧和能力的，在现代足球激烈竞争的球场上，我们应当自豪，在足球文化建设上我们是远远的走在前面了。作为一种文化现象，世界上各个民族在原始阶段都创造了一些体育游戏，有的发展了成为一项体育运动，有的却消灭了，寂然无闻，中国蹴鞠起源甚早，经过发展，在两千年前就粗具体育运动项目的规模，但在盛行一千多年后却突然消失，这种骤然兴衰的现象，确实使人迷惑，我们应该对蹴鞠的起源、发展、消失现象进行研究，从中找出足以借鉴的经验，为现代体育的发展提供参考。

二、古代足球的发展演变

体育社会学家认为："体育是社会的一个窗口，从这个窗口中可以窥见一个国家，一个民族的政治、经济、科学、文化发展水平，以及民风习俗的面貌。"换一个角度说，体育发展的兴衰以及活动方式的变化都和这个国家（朝代）的整体文化有关。中国蹴鞠经历了几千年历史，几十个封建王朝，几千里不同地域和几十个不同民族的社会，文化环境，自然是有很大的差异，这就造成了蹴鞠在流传中有不小的发展演变，而且在蹴鞠功能、性质上也发生了变化。因此，研究蹴鞠的发展演变，可以从中看到历史社会文化对蹴鞠的影响，也可以从一个侧面看到中国历代封建王朝的文化面貌。

蹴鞠起源时间是定在黄帝时代，但是当时蹴鞠游戏的方式是什么样子已不可知，又是什么力量促动产生了蹴鞠呢？刘向在《别录》中说："蹴鞠，兵势也。所以练武士知有材也，皆因嬉戏而讲习之。"这是说黄帝时代创造蹴鞠是从练兵的需要出发。世界上有劳动创造体育说，祭祀娱乐产生体育说，生理需要促进体育起源说，蹴鞠起源又多了军事战争发展体育的说法。原始社会末期是氏族部落兼并走向统一的时代，据史籍所载的传说与考古发现，黄帝部族与炎帝的蚩尤部落有较长时期的战争，备战练兵是当时各部族首领的最大事情，战争推动了社会发展进步，敌对双方都努力创造有利于战争的兵器和练兵方法，蚩尤部落首先制造出青铜兵器，"葛卢之山发而出，水金从之，蚩尤受而制之，以为剑铠矛戟"。（《管子·地数第七十七》）与之敌对的黄帝部族则改进了弓箭。"挥作弓，牟夷作矢，皆黄帝臣。"（《世本》）弓箭的创造时间应该更早一些，在二万八千年前的山西峙峪人遗址中便发现了石箭头，这里说的"挥作弓，牟夷作矢"。是指改进了弓箭的射程和杀伤力。为了增强体力和战斗技能，蚩尤部落创造以角抵练兵。"蚩尤与轩辕斗，以角抵人，人莫能御。"（《述异记》）黄帝时代已是生产发展的文明时代，又是激烈斗争求生存的社会，就是在这种环境中黄帝部落发明了蹴鞠练兵，既能增强兵士体力又可以提高战斗技能，拳打脚踢在兵器不发达的时代，也是战胜敌人的重要手段。

殷商时代是否有鞠舞尚需进一步证实，但汉代确有类似于舞的蹴鞠，汉画像石刻中便有多幅蹴鞠表演图像。在古代的祭祀时确是有舞蹈，而舞蹈时手中都持有器物。"兵舞，舞山川之祭祀；帗舞，舞社稷之祭祀；羽舞，舞四方之祭祀；皇舞，舞旱暵之事。"（《周礼·地官司徒》）兵舞是手执兵器，帗舞是手执扇形的彩帛，羽舞是手执鸟羽，皇舞是手执五彩羽毛。所有的祭神舞都是手中执有器物，如果祭雨神的舞不是手中执有器物便是脚下有鞠，因为在当时社会的文化氛围就是如此。《诗经·小雅·甫田》："琴瑟击鼓，以御田祖，以祈甘雨，以介我稷黍。"说明商周时代祭祀雨神是有乐舞形式的。无论殷商祭祀雨神的鞠舞是否曾经有过，汉代的宴乐蹴鞠表演都是祭祀舞的遗存，把蹴鞠技巧与舞蹈美结合起来，成为一种观赏表演，而唐宋以后的白打蹴鞠则又是在蹴鞠舞的基础上发展起来的自娱活动。

战国是一个社会大转变的时代，奴隶解放，平民地位上升，生产发展，人民的消费娱乐成为被重视的问题。齐宣王在回答独乐乐与众乐乐，孰乐？曰：不若与众。要关心民众的娱乐。《战国策·齐策》上记载从事蹴鞠活动的是"其民"，是"待发"的后备兵。《西京杂记》中说平民出身的汉高祖刘邦，其父亲刘太公在沛郡丰邑所结交的"皆屠贩少年"，是平民阶层的小人物，其消闲活动便是"斗鸡，蹴鞠，以此为乐"。现在我们尚无法考证当时的蹴鞠方式是什么样的，但可以肯定的是社会开展的蹴鞠都是亲身参与的，平民式的消闲娱乐。这与军队的练武手段，庙堂祭祀的鞠舞，在性质上已有很大的区别，这一时期的蹴鞠娱乐表明当时社会蹴鞠的群众性。

汉朝是封建社会的奠基时代，朝廷礼乐，典章制度，都是在这时制定的，后世只是稍加增减而已。汉代蹴鞠的发展也奠定了两千年封建社会发展的基础，汉代蹴鞠的发展是两个方面：其一是娱乐性的技巧提高，配合音乐伴奏，由自娱性消闲娱乐提高为观赏表演娱乐，成为"百戏"表演中的一个节目。汉高祖刘邦在天下统一之后，实行"薄赋敛，省徭役"的富民政策，经过"文景之治"七十年，"民人给家足，都鄙廪庾尽满"。人民在生活富裕之后便要求有精神的娱乐享受。而在西汉中期，有雄才大略的汉武帝，为了杜绝北方的边患.开通西域的"丝绸之路"，联络西域诸国以夹击匈奴，西域各国使者来往于长安城络绎不绝，汉朝政府为了接待这些使者也需要文化娱乐，于是发展了角抵戏，其内容种类繁多，许多体育项目都演变为表演娱乐节目，如举重演化为抛轮弄壶，兵器击刺发展为武术表演，战车奔驰演变成戏车技巧，称之为"百戏"，蹴鞠就是在这种文化氛围中演变成表演节目。河南南阳县出土的汉画像石《舞乐百戏图》中有一女子蹴鞠表演，同地出土的另一块汉画像石《鼓舞图》，图中是两男子在音乐伴奏下边击鼓，边蹴鞠，表明了蹴鞠表演已有相当的技巧和节奏，因其动作形态很类似于舞蹈，所以被后人称之为"蹴鞠舞"。东汉人桓宽根据汉昭帝时讨论盐铁问题纪录所撰写的《盐铁论》中记载："贵人之家，……隆材鼎力，蹋鞠斗鸡。"说明蹴鞠表演在贵族家中已是一个较为流行的表演节目。

汉代蹴鞠另一发展便是作为军事训练手段，是军事检阅军礼的一个部分，其运动形式和娱乐性蹴鞠有很大的区别，不是表演而是竞赛，直接对抗性的竞赛。汉代初年天下统一，虽然没有发生大的战乱，但是周边环境并不安定，特别是北方匈奴族的侵扰，使边塞不得安宁，形势最严重时，烽火报警达于长安城附近，所以汉代对于战备练兵从未松懈过。早在战国时代的军事家就重视士兵的体力训练，以跑、跳、掷来训练士兵，并根据士兵的体能状况进行编队。"民有胆气勇力者，聚为一卒，能逾高超远者，聚为一卒。"（《吴子·图国》）一卒是一百人，根据士兵体能状况编成特种兵分队。汉代军队训练是准备到边塞地区作战，长途跋涉，对于体力和技能都十分重视，跳掷和手搏都是军训科目。"投石拔距绝于等伦。尝超逾羽林亭楼，由是迁为郎。试弁为期门。"（《汉书·甘延寿传》）甘延寿是通过投掷和跳高的测试，提拔为羽林郎，又通过手搏的测试提升为期门，可见汉代对军士身体素质的重视。《汉书·艺文志》对于"兵家技巧类"的作用明确地说："习手足，便器械，以立攻守之胜者也。"蹴鞠是属于军事技巧类的训练，是以竞赛的方式练习奔跑，"二六对而讲功，体便捷其若飞"。（《许昌宫赋》）双方在对抗争抢中摔拉摆脱，"僻脱承便，盖象戎兵"。（《景福殿赋》）像打仗一样激烈。汉代蹴鞠就是通过竞赛方式"习手足"，以提高军士作战的身体素质和技能。汉代蹴鞠在军队中得到较为广泛的发展，"至今军士羽林无事使得蹋鞠"。（刘歆《七略》）在后备兵中也得到较为普遍的练习，"康庄驰逐，穷巷蹋鞠"。（《盐铁论·国疾篇》）"三国鼎峙，年兴金革，士以弓马为务，家以蹴鞠为学。"（《会稽典录》）大街小巷上都有蹴鞠的人群，普通人家是以蹴鞠为学业，可见当时蹴鞠开展的红火。

汉代两种蹴鞠的性质不同，一种是军事训练手段，一种是宴会娱乐；形式也不同，一种是对抗竞技，一种是技巧表演；但这两种蹴鞠都得到了较为广泛的开展，成为我国古代蹴鞠发展的第一高潮期。这两种蹴鞠发展都是受当时社会文化影响，因社会需要而发展起来的。

南北朝是中国封建社会南北方民族文化大交流、大融合的时代，北方少数民族以其精湛的骑术优势战胜了中原地区的步骑联合兵种，因而促使了军事技战术的改变，骑兵战术成为重要兵种，唐太宗李世民是以轻骑兵战胜群雄，统一天下，建立唐朝，因此，唐朝的最重要兵种是骑兵，建设强大骑兵成为国之大事，打马球是训练骑术和砍杀术的最好手段，于是马球便成为唐宋时期军训重点项目，"打球，本军中戏，太宗令有司详定其仪"。（《宋史·礼志》）蹴鞠失去了在军训中的价值.从此消失了，连蹴鞠专业书《蹴鞠》二十五篇也随之失传。汉代已经有了自娱性的"寒食蹴鞠"，是民间的节日消闲娱乐，到了唐代，社会安稳，生产发展，人民生活安定，"寒食蹴鞠"民俗得到极大的推广，"十年蹴鞠将雏远，万里秋千习俗同"。（杜甫《清明》）杜甫周游全国万里之地都看到有"寒食蹴鞠"的风俗。"寒食蹴鞠"的踢法是不用球门的踢法，俗称为白打。"寒食内人长白打，库中先散与金钱。"（王建《宫词》）"寒食蹴鞠"的习俗也传播到了皇宫。这种白打蹴鞠不知是否是由战国时的消闲蹴鞠发展而来，还是汉代蹴鞠舞的变化，但白打蹴鞠的风格特点是巧与美，与汉代蹴鞠表演风格相同。

"寒食蹴鞠"民俗的开展使唐宋时期群众性蹴鞠得到极大的发展，其方法内容也有所拓展，原来的白打只是二人的对踢，后来发展为三人、四人、五人，直至九人的轮踢。原来的对踢只有几个动作，后来发展为"脚头十万踢，解数百千般"。（《蹴鞠谱》）踢的花样繁多，内容变化无穷。竞赛蹴鞠虽在唐代以前便消失了，但唐代在继承汉代蹴鞠竞赛方面却有新的创造。马端临在《文献通考》中说："蹴球，盖始于唐。植两修竹，高数丈，络网于上，为门以度球。球工分左右二朋，以角胜负否。岂非蹴鞠之变软？"这种高球门的蹴球便是分队竞赛，与汉代竞赛蹴鞠有相同之处，但并非是直接对抗，而是间接的射门竞赛。以"筑过数多者胜"。所以马端临说是蹴鞠之变，是在汉代竞赛蹴鞠基础上的创造变化。唐代竞赛蹴鞠变化之一是球门增高了，汉代竞赛蹴鞠的球门叫"鞠室"或"鞠域"，是不高的，因为那时的球是实心，踢不高，所以球门也不能高。唐代制球的方法改进了，有了充气的球，"鞠即球字，古用毛纠结为之，今用皮，以胞为里，嘘气闭而蹴之"。（徐坚《初学记》）充气的球球体轻柔能够踢高，所以唐代蹴鞠都是以踢高为能。"蹴鞠屡过飞鸟上。"（王维《寒食城东即事》）"张芬曲艺过人，常于福感寺趯鞠，高及半塔。"（《酉阳杂俎》）在气球能踢高的基础上便有了高球门。其变化之二是球门既高且小，在三丈二尺高的球门柱上，球门直径只有二尺八寸，一脚踢过这样既高且小的球门是需要有很高的技巧。这种惊险奇巧的比赛是和唐代刚健文化喜爱新奇的表演有关。唐朝的皇室贵族多是北方少数民族或具有此种血统的混血儿，在南北方民族文化混合之后，社会上崇尚惊险奇巧的表演。例如汉代百戏中便有了抛剑表演，南北朝时这种抛剑表演化为高抛兵器，"虎贲张车渠掷刀出楼一丈，羽林马僧相掷戟与百尺树齐"。（《洛阳伽蓝记》）到了唐代，这种高抛兵器更是高到十数丈，而且是以手执剑鞘接剑。"(裴)旻左旋右抽，掷剑入云，高十数丈，若电光下射，旻引手执鞘承之，剑透室而下。观者数千人，无不惊俱。"(《独异志》)类似这种惊险的杂技表演还有很多，如顶竿是头顶十数丈长的竿，竿的上端有楼台，几个小儿在楼台上表演歌舞。唐人王建《寻撞歌》："大竿百夫擎不起，袅袅半在青云里。纤腰女儿不动容，戴竿直舞一曲终。"如走索不是一个人行走，是两三个人踏肩在绳索上行走，并且翻筋斗至索上。"伎女从绳端蹑足而上，或踏肩踏顶至三四重，既而翻身掷倒至绳，往还曾无蹉跌。"(《全唐文记事》)这些表演都是追求惊险奇巧的效果。就是在这种社会文化的氛围之中，唐代的蹴鞠竞赛才演变为射既高且小的球门，以奇巧取胜。其变化之三是由力量拼搏向技艺取胜的方向发展，汉代的杂技及体育是以勇猛冒险为特色的，到了晋朝便有人提出，"伤彝伦之大方，诸伎而伤人者，皆宜除之"。(《晋书·乐志》)不合儒家仁义之伦理思想，而具有危险伤人的娱乐项目都不宜提倡，这一思想促使蹴鞠竞赛由直接对抗向间接对抗方面发展，并最终成为表演自娱的项目。

宋朝的开国君臣大多是军官出身，他们都喜爱身体活动的娱乐，北宋画家苏汉臣留下了一幅名画《宋太祖蹴鞠图》，图中有宋太祖赵匡胤、宋太宗赵光义对面踢球，大臣赵普、党进、楚昭辅、石守信在一旁观看，这说明宋代初年的皇帝和贵族都是喜爱蹴鞠活动的。宋朝建国之后，制定朝廷礼仪，把打马球定为军中检阅之礼，蹴鞠、角抵（相扑）定为朝廷大宴的表演节目。《宋史·乐志》："每春秋圣节三大宴……第十二］蹴鞠，……第十九，用角抵。"蹴鞠表演是朝廷宴会的娱乐，也是招待外国使者的节目。"金国聘使见辞仪……使人到阙筵宴，凡用乐人三百人，筑球军三十二人，起立球门行人三十二人。"(《宋史·礼志》)受宋朝作为高层娱乐蹴鞠表演的影响，在北方建国的辽金朝也是以蹴鞠作为宴会节目，"皇帝生辰乐次。……酒六行，筝独弹，筑球。酒七行，歌曲破，角抵"。(《辽史·乐志》)蹴鞠表演进入宋辽金社会的上层娱乐，这是蹴鞠价值最高的时代。此时的蹴鞠能进入上层娱乐圈和其精湛技术有关，也和当时统治阶级的喜爱有关。

宋代的手工业和商业发展，使城市人口大增.全国出现了许多大城市，北宋的汴梁城，南宋的临安城，人口都超过百万，为了满足城市人民文化娱乐需要，城市中有了综合性的游乐场——瓦舍，也叫瓦子、瓦市，瓦舍中有供艺人演出的勾栏，多者有五十余座，少者也有一二十座。在勾栏演出的节目有说唱、杂剧、讲史、杂技，也有相扑、拳棒、举重、弄水、蹴鞠等体育项目。据《武林旧事》《梦粱录》等书记载，仅南宋临安城一地，各种体育表演艺人就有两三百人。其中以相扑艺人为最多，举重、蹴鞠艺人也有不少。各种艺人都组织了自己的团体，名之曰会社，蹴鞠艺人的会社叫齐云社。早在汉唐时期，皇室和贵族的家中就有专业的蹴鞠艺人，称为"鞠客""内园小儿"，是专为统治阶级表演观赏的，宋代朝廷的教坊司也有专业蹴鞠艺人，而城市瓦舍中的蹴鞠艺人则是民间的，是为市民表演娱乐的。从皇室贵族家中走到民间，从为统治阶级服务到为市民服务，这是一个极大的进步，是蹴鞠发展的表现。宋代官方蹴鞠艺人和民间蹴鞠艺人的发展，为宋代蹴鞠的普及和技艺的提高，起到了推动的作用。

宋代朝廷宴会表演节目中有蹴鞠，市井娱乐中有专业蹴鞠艺人表演，民间广泛开展"寒食蹴鞠"风俗，构成了蹴鞠发展的高潮。无论是从技术的发展，还是开展广泛的程度，以及蹴鞠在社会上的娱乐价值，宋朝都是中国蹴鞠发展最兴盛的时期。

由北方蒙古族所建立的元朝，虽然统治的时间短暂，但是所造成的戏曲艺术发展，成为中国文化中的一颗明珠，而戏曲中的重要角色女艺人的成就更是熠熠生辉，使社会刮目相看。因此在宋朝民间蹴鞠艺人发展的基础上元朝社会上层便有了女蹴鞠艺人，"蹴鞠场中，鸣珂巷里，南北驰名，寰中可意。款侧金莲，微挪玉体.唐裙轻荡，绣带斜飘，舞袖低垂"。（关汉卿《女校尉又》）而社会上也以观看女艺人表演蹴鞠为最好的消闲娱乐。"茶余饭饱邀故友，谢馆秦楼，散闷消愁，唯蹴鞠最风流。"（关汉卿《女校尉》）在女蹴鞠艺人技艺提高的情况下，球场上便有了男女对踢球，"似这般女校尉从来较少，随圆社常将蹴鞠抱抛，占场儿陪伴了些英豪"。（邓玉宾《仕女圆社气球双关》）现藏于中国历史博物馆和湖南博物馆的文物《蹴鞠纹铜镜》便是以形象说明当时有青年男女同场踢球。两个青年男女从其穿戴和身后有侍童、婢女来判断，其身份应是贵族官宦人家，这样家庭的青年男女也冲破了封建礼教男女授受不亲的束缚，同场踢球娱乐，这说明了元代女蹴鞠艺人的出现，拓展了蹴鞠娱乐的社交意义，在一定程度上冲击了封建社会对妇女歧视的观念。

任何事物的发展都具有两面性，元代女蹴鞠艺人的出现，在中国蹴鞠发展史和世界足球发展史中都具有极为重要的地位。然而在封建意识浓重的中国古代，具有商业性质的女蹴鞠艺人表演，是纨绔子弟追求的娱乐，便为封建大夫阶级所不齿。《明通鉴》在记叙曾占据江浙广大地区的张士诚，其失败的原因便是委政于其弟张士信，而士信"每出师，不问军事，辄携樗蒲、蹴鞠，拥妓女酣宴"。与妇女同场蹴鞠成为不务正业、荒淫生活的一面。而社会上由于富家子弟喜爱蹴鞠，男女同场蹴鞠成为一种娱乐，于是下层社会的妓女便以蹴鞠作为娱客的手段，"绝色婵娟，毕罢了歌舞花前宴，习学成齐云天下圆"。由此达到了其留客的目的，"若道是成就了洞房中惜玉怜香愿，媒合了翠馆内清风皓月筵，六片儿香皮做姻眷"。（萨都剌《妓女蹴鞠》) 到了明代, 妓女学习蹴鞠, 并以此作为娱客的手段, 在《金瓶梅》中更是描写的十分具体。丽春院的妓女李桂卿、李桂姐都是陪客人蹴鞠, 而圆社艺人在西门庆面前奉承说:"桂姐行头比旧时越发踢熟了, 撇来的丢拐教小人们凑手脚不迭, 再过一二年, 这边院中似桂姐这行头就数一数二的了, 强如二条巷董官女儿数十倍。"这说明当时社会上许多妓女都练习蹴鞠, 以蹴鞠技艺高超, 陪客人踢球娱乐而获得欢心。从文化价值来说, 朝廷宴会上的蹴鞠表演和妓院中陪客人蹴鞠是有天渊之别的。所以, 只从这一点上来判别宋、明朝的蹴鞠发展, 便可以看到其衰落的景象了。明代朝廷宴会蹴鞠表演的取消, 瓦子勾栏中没有蹴鞠艺人表演的位置, "寒食蹴鞠"民俗地区的缩小, 都预示着蹴鞠社会地位的下降, 蹴鞠走向衰落。

清朝是由居住在长白山下的满族建立起的国家, 其祖先女真族曾建立过金国, 在公元 1234 年为蒙古军所覆灭, 接受历代少数民族统治中国失败的经验。清朝政府对于汉民族的传统文化采取压制政策, 在体育方面如武术、相扑、击鞠、蹴鞠、捶丸、龙舟竞渡, 或予以严令禁止, 或不加提倡, 或阉割其精华, 而对于其本民族的体育项目如围猎、骑射、滑冰、摔跤则积极予以提倡发展, 并曾企图把滑冰与蹴鞠相融合创造冰上的蹴鞠以代替中原传统的蹴鞠。"十一月, 金海冰上作蹴鞠之戏。每队数十人, 各有统领, 分位而立, 以革为球, 掷于空中, 俟其将坠, 群起而争之, 以得者为胜。将士用以习武。昔黄帝作蹴鞠之戏以练武, 盖取遗意焉。"(潘荣陛《帝京岁时纪胜》) 书中明确地说冰上蹴鞠是取黄帝创造蹴鞠以练武的遗意, 是要以冰上蹴鞠取代蹴鞠。由蹴鞠改变为冰上蹴鞠, 不仅运动性质和方法改变了, 其文化含意也由中原传统民俗演化为北方民族的风俗, 这就是清代创造冰上蹴鞠的目的。

明代蹴鞠社会价值已逐渐下降, 走向衰落, 清朝文化政策的压迫更促进其消亡。清朝初年社会上还有蹴鞠的开展, 康熙时礼部侍郎顾汧还有一首《过同年颜淡园寓观蹴鞠》诗, 描写蹴鞠艺人精彩的表演。曹雪芹写的《红楼梦》第二十八回中还有:"可巧门上小厮在甬路底下踢球。"但是到了清代中叶以后, 各种史籍中便没有蹴鞠的记载了, 有几千年传统的蹴鞠便由此消失了。

纵观几千年中国蹴鞠的发展演变, 兴盛衰落, 与社会文化、政治、经济的发展密不可分, 在其发展中不仅可以看到蹴鞠的丰富内容, 及其与社会文化相依存的关系, 也可以从一个侧面看到中国封建文化受儒家思想影响的脉络, 由刚健趋向于文雅, 由力量发展为技艺, 由竞争演化为表演。

第四节　足球运动在中国

一、中国足球运动发展的社会背景

现代足球运动是在 1840 年以后传入我国的，鸦片战争的炮火打断了中国沉睡的美梦。在政治模式上，最为直接的冲突是资本主义与封建体制的对决；在精神层面上，最深层的冲突是中西方文化面对面的对话；而在最为根本的经济层次上，经济贸易的利益之争乃是中国与西方列强关系紧张的实质。①

1840 年以后，英美等西方帝国主义的对华入侵，通过侵略战争，迫使清政府对外开放口岸，继而对中国进行经济与文化侵略，作为西方文化内容的足球运动也被带入了中国。

我国著名哲学家唐君毅先生认为："二民族文化之接触，可纯出自一民族之精神要求，亦可由实际利害之情势所促成。如由战争或商业需要为主，而造成文化之接触，则可谓纯由实际利害之情势所促成。由战争所造成之文化接触，如战争后，二民族各还故土，则此二种文化接触，除多少掠夺对方之人为奴隶外，恒不过只增加二民族之文物之交换、思想观念之交流。此交流乃只取对方之文物思想观念，而不取对方之人群。""至于由商业需要而导致之文化接触，则不增加二民族之敌对意识，而恒增强二民族相互之利用意识，如欲以少易多，以小利换大利之意识。人之常情，由商业交易而得新货物、文化物，复易生仿效制造之心。仿效制造不成，则生羡慕之情。但吾人须知此仿效制造之心、此羡慕之情，乃向'远地之人之心灵之技巧或精神'而施，由是即有一向客观外在之人之精神所生之企慕向往心。此亦为一种向外而向上之精神。"②

虽然现代足球运动主要是经帝国主义入侵传入我国的，但现代足球运动由于自身所具有的提倡公平竞争、注重强壮身体、易于组织等特点，很快便被思想进步的国人所接受。

1840 年鸦片战争后，西方列强对中国大肆侵略，除经济上对我国进行疯狂的掠夺外，文化上也对我国进行侵袭。资本主义的入侵，破坏了中国原有的封建时代的经济制度和政治体制，也破坏了我们的文化传统和秩序。

① 张宝明.中国近代思想史起点之我见 [J].长沙：湖南师范大学出版社，2007.
② 唐君毅.中国文化之精神价值 [M].桂林：广西师范大学出版社，2005.

结果，使中国以殖民地或半殖民地的形式归入了资本主义世界体系之中。

现代足球产生于欧洲，属于西方体育的范畴。其在中国的产生或传入首先是经由西方的入侵和对华的商业行为活动形成的，此外也因为我国留学、出使人员带回所致。另外，足球运动属于典型的西方体育运动形式，西方体育所具有的先进性，使我国民众能够很快适应并接受它。

在近代中国的早期西方体育引进中，中国留学生也是一个重要的因素。中国近代史上的大规模留学生运动，在加快近代中国社会转型和文化转型的同时，亦对近代中国的体育发展做出了积极的贡献。近代中国留学生对近代中国体育的影响，不仅表现在早期对西方体育的引进上，而且表现在对整个近代中国体育发展的引导上。例如：在近代中国学校体育的产生和发展方面，无论是在近代中国学校体育制度的建设上，还是在近代中国学校体育思想的发展方面，留学生的影响力和作用力都是巨大的。[1]

西方体育运动项目一般都有着较为科学与完整的活动规则体系，这无论是在运动竞赛工作的组织方面，还是在具体的运动活动中，都表现出它一定的公开、公平和公正性。足球运动刚刚传入我国的时候，还曾经遭到国人的抵制，为什么呢？因为文化背景不同，现代足球属于西方文化，是国人从来没有接触过的陌生的东西。可是随着国人对舶来的现代足球的了解，逐渐被我们所接受。西方体育具有较强的竞技性、趣味性、娱乐性，这特别表现在球类和游戏项目中。所有这些，既表现了西方体育的先进性，也说明了它富有生命力的主要原因，因而使它成为世界上许多民族或国家所承认和吸收的重要条件。

现代足球之所以能在世界范围内传播开来，主要有以下几点原因：第一，工业革命为体育传播提供了广泛的社会基础；第二，政治和经济需要是现代足球运动传播的重要推动力量；第三，传播媒介的发展促进了现代足球运动传播的发展。20世纪开始的中国工业革命进程，给我国足球运动带来的不仅是技术及设备的变化，还有观念及思想领域的巨大变化。

(一) 足球运动传入的基础

作为文化事物的足球运动，是典型的西方文化的组成部分之一，19世纪中后期至20世纪初期，随着西方帝国主义列强对我国的侵略，西方文化对我国的侵蚀也是全方位的。在这段时期内，中国面临着亡国的危险，为了救亡图存与强国强种，在中国产生了种种爱国人士倡导学习西方文化的

---

[1]　罗时铭. 中国近代体育变迁的文化解读 [M]. 北京：北京体育大学出版社，2007.

社会思潮，其中最为典型的是洋务思潮和维新思潮以及五四运动文化思潮。洋务思潮、维新思潮、五四运动等观念领域的一系列思想运动，对我国足球运动的发展有非常大的影响。

第二次鸦片战争后，西方资本主义列强加紧侵略中国，并接连制造了严重的边疆危机，这表现在政治、经济和文化各方面，中华民族同资本主义列强的矛盾日益上升并逐步尖锐起来，迫使人们去理智地追求一种比较现实而有效的抵制方法。另一方面，资本主义的侵略，特别是大规模的商品输出，加速了中国自然经济的瓦解过程，从而使中国资本主义的产生成为一种客观的历史趋势。与此同时，西学东渐的过程也已经开始，西学经过欧美传教士带进了中国，也通过越来越多的出国、出使人员带回了中国，这就为逐步追求进步、追求救国真理的人们提供了日益丰富的思想元素。同时，俄国和日本努力学习西方、发奋为雄的举动，亦激励着那些思想先进的中国人。于是，一场近代史上历时30年的"洋务运动"从此如火如荼地开展起来。[①]

洋务思潮促进了近代西方体育的传入。首先是新式军队中引进了西洋兵操。这里所谓新式军队，是指湘军、淮军、新建陆军、自强新军等，他们从第二次鸦片战争以后，陆续代替了原有八旗、绿营的清军，而成为维护晚清统治的主要力量。

维新思潮对中国近代体育发展的影响是巨大的，特别是表现在它使中国人在体育观念上发生了重大变化。如果说在洋务思潮的影响下，中国人对体育的认识主要是侧重于强兵的作用，而导致了对西方近代体育的最初引进，那么，维新思潮影响下的变化则使近代中国人开始从更深的层面上认识到：近代体育不仅有军事上的强兵作用，更有在国家与民族长远利益上的强种、强国作用。而能否实现强种强国又直接与以下因素相关：一是教育；一是女子。所以在维新思潮的影响下，近代中国体育的发展，出现了向教育领域(学校体育)的延伸和向女子体育发展的趋势。

另外，"戊戌变法"运动，以康有为为首的资产阶级改良派继承和发展了自鸦片战争以来的改良主义思想，引进西方新学来改良社会。[②]

19世纪末的中国社会充满冲突和震荡，各种思潮此起彼伏、各执一端，而最有影响，对中国传统社会和传统文化冲击最为强劲的则是西化(欧化)

---

① 罗时铭. 中国近代体育变迁的文化解读 [M]. 北京：北京体育大学出版社，2007.

② 国家体委文史工作委员会，中国体育史学会. 中国近代体育史 [M]. 北京：北京体育学院出版社，1989.

思潮。这一思潮从晚清开始发端，至 20 世纪 30 年代演化成陈序经的"全盘西化"论，期间复杂的历史内涵充分体现了中国现代化历程的无比艰难。①

从近代体育史来看，维新运动对促进西方体育的初期传播具有重要的意义。首先，我国最早接受西方教育思想，并从德、智、体三育的角度来认识和提倡体育的是维新派代表人物。维新派大量介绍西方科学文化，大力提倡"西学"，之后才开始出现了新的体育思想。维新运动为清末"新政"废科举、兴学校的变革提供了思想基础，为西方体育在我国的传播创造了条件。

辛亥革命的胜利，推翻了腐朽的清朝封建政府；五四运动的爆发，促进了中国人思想的解放。从而在政治上和思想上为足球运动的扩散创造了条件。这一时期，足球不再仅仅是军队和学校中活动的内容，它更主要的是以竞技运动的形式向中国各地扩散。与此同时，足球的规则、制度等也越来越多地被介绍到中国来。所以，从辛亥革命到新中国成立前，足球在中国的传播，无论在广度上还是在深度上都有着显著的进步，并一度在远东崭露头角，但是不良的社会环境使足球的扩散进程受到了限制。②

从晚清到民国，围绕现代化道路的各种主张和思潮形形色色、震荡碰撞。20 世纪 20—40 年代，中国知识界围绕工业化问题展开了激烈的论战，这场论战，不仅时间跨度长，而且参加者众多。众多参加者中，政治倾向也具有极大的多样性。在中国现代化思想史上，这次论战留下了十分重要的轨迹。这次论战可分为三个阶段：第一个阶段是从论战发起到 1929 年世界经济危机爆发，论战的焦点是中国要不要工业化。第二个阶段是从 20 世纪 30 年代初到 1937 年抗日战争爆发后不久，论战的焦点是工业化应该从复兴农村入手，还是首先发展都市工业。第三个阶段是从 20 世纪 40 年代初到新中国建立前夕，论战的焦点是发展工业当从轻工业入手还是从重工业入手。由论战的焦点的变化可以看出，这三个阶段的论战是循序渐进的。如果说 20 年代论战的核心是要不要工业化，那么 30—40 年代，学者们讨论的则是应该怎样进行工业化。其中，在 30 年代和 40 年代，学者们关注的焦点也有明显的转移。30 年代人们关注工业化过程中农业复兴与工业发展孰先孰后问题，40 年代人们的注意力又进一步转移到工业内部轻工业与重工业的发展顺序问题。

① 周积明，郭莹等. 震荡与冲突——中国早期现代化进程中的思潮和社会 [M].北京：商务印书馆，2003.
② 朱宝成等.试论作为文化现象的足球在中国的传播 [J].安徽体育科技，2001，(2).

从最近一百多年的世界发展历史来看，工业化及商业化是社会发展的一个趋势。不管是工业化兴起最早的欧洲、北美洲，还是亚洲、非洲等工业化起步较晚的国家，工业化已经成为他们追求的发展目标。

在19世纪以来的中国，推进工业化既是一股强盛国力的思潮，也是我们长期以来在不断地进行探索的实践。工业化，从本质上说是崇尚消费的时代，工业化的结果使社会产品越来越丰富，消费便是消耗这些产品的唯一手段。所以工业化社会，又被称为消费社会，也被称为商业化社会。自16世纪，资本主义作为一种新的生产方式在欧亚大陆的欧洲半岛产生。资本主义由于其本身的内在逻辑，必然不断地向外扩张。现在的"全球化时代"也不过是西方资本主义追求更大利润的最新结果而已。

另外，"重商"思潮导致了当时中国商业的空前发展。"重商"思潮直接动摇了传统价值观念，人们不再视"商"为贱业，很多人弃农经商或弃仕经商。"重商"思潮促成了近代社会价值观念和生活态度的更新。[1]"重商主义"思潮推动了近代资本主义的发展。在世界历史范围，"重商主义"是资本主义工业社会诞生的前奏，是由封建社会向资本主义过度的必然环节。总之，近代中国的"重商"思潮，既是世界历史发展必然的表现，也是中国社会历史进程的必然程序。它的存在和发展，对中国早期资本主义的萌芽及我国早期商业化的发端起了很大作用，对中国近代历史的进程有着重大意义。

19世纪末至20世纪初，重商思潮蔓延，民族资本主义初步发展，上海、广州等沿海城市快速发展成为现代化城市，特别是上海，已经成为国际型的大都市。工业化带来了人们更多的休闲与闲暇时间，现代体育运动（包括足球）虽然当初被国人排斥，但后来随着时间的推移越来越多的中国人开始尝试西方体育运动项目。

总之，近代中国的"重商"思潮，既是世界历史发展必然的表现，也是中国社会历史进程的必然程序。它的存在和发展，对中国近代历史的进程有着重大意义。

19世纪末20世纪初的各种社会思潮在中国的兴起，促进了现代足球运动在我国的传播与发展，为我国接受西方文化、接受源于西方而又与我国传统儒道思想相悖的现代足球运动起到了推动的作用。

(二) 足球运动传入的条件

1900年义和团的反帝爱国运动，迫使清政府接受某些改良措施，清政府宣布实行"新政"，在教育方面主要是废科举、兴学校。与之相配合的还

---

① 王先明.中国近代社会文化史论 [M].北京：人民出版社，2000.

有设立学部，选派留学生出国等。至光绪三十三年（公元 1907 年）全国各类学校有 37888 所，学生 1 024988 人；至民国元年（公元 1912 年），学校数为 87272 所，学生总人数达 2933387 人。4 年间学校增加约 1.4 倍，学生人数增加约 2 倍。[①]

各个大学还成立了各自的足球队，如北京的汇文书院，1895 年就有棒球队，1901 年成立足球队；上海的圣约翰大学，在 1890 年就举办运动会，1901 年成立足球队；山东烟台汇文书院等教会学校，1898 年开始举行各种游戏性赛跑项目为主的具有田径雏形的运动会，1903 年后，增加了一些正规田径项目。总之，虽然教会学校大多未设体育课程，但是，课外体育活动开展还是比较普遍的。

西方列强的坚船利炮在鸦片战争中轰开了中国的大门，帝国主义势力把来华传教士作为文化侵略的马前卒，把传教士在华建立的教会学校视为"东点军校"。

19 世纪后期，由于两次鸦片战争的失败，为了筹措战败赔款，清政府更加紧了剥削人民。在西方帝国主义入侵的历史条件下，清政府为了求富求强，抵御外患，防范内忧，维护自身统治，发起了洋务运动。与整个洋务运动相呼应，在教育领域出现了洋务教育。洋务教育不同于传统的封建旧式教育，主张要学习西方的科学技术，兴办西学，培养科技人才。提出"中学为体、西学为用"；在教育内容上增加了西文和西艺课程。在兴办的西学中，体操科就是从西方引入的体育课程，其内容就包括有足球运动。[②]

洋务运动中，洋务派兴办学堂，设立"中学为体、西学为用"的课程模式，开设体操课程，引进西方体育，结束了我国两千多年来学校中没有体育课程的状态。体操科的开设，为一系列西方体育在中国的传播提供了条件，对早期中国足球运动的普及与开展，起到了积极的作用。

早期教会学校对西方体育在中国的传播发挥了重要的作用，一方面是因为西方教会学校开展体育较早，开风气之先河。另一方面，教会学校的运动成绩也较优，在体育竞赛中起到某些倡导、示范的作用。

早期来华的基督教青年会提倡西方体育，一是进行西方体育的宣传，一是传习西方体育。基督教青年会在我国近代体育发展初期所起的重要作用之一是发动与组织运动竞赛。虽然早期的一些教会学校也开展了一些竞赛活动，但是正规的近代球类、田径竞赛多是由青年会最早发起的。

① 国家体委文史工作委员会. 中国近代体育史 [M]. 北京：北京体育学院出版社，1989.
② 王华倬. 中国近现代体育课程史论 [M]. 北京：高等教育出版社，2000.

所以，我国近代学校体育的发展变革，也是推动足球运动在我国开展的重要因素。

(三) 足球运动产生的前提条件

前面已经谈到，一定的文化 (或文化运动) 必然以一定的经济条件为依据。中国近代民族资本主义的发展，加速了中国传统经济模式的解体，大大提高了中国经济的发展速度。促进了中国经济、技术、文化的巨大发展，为戊戌变法、五四新文化运动等一系列革新运动奠定了基础。

19 世纪末的中国社会充满冲突和震荡，各种思潮也色彩斑斓、风起云涌，而最具影响，对中国传统社会和传统文化冲击最为强劲的则是西化 (欧化) 思潮。这一思潮从晚清开始发端，至 20 世纪 30 年代演化成陈序经的 "全盘西化" 论，期间复杂的历史内涵充分体现了中国现代化历程的无比艰难。

实际上，从晚清到中华民国时期，随着我国主动或被动地对外开放，我国社会已经在西方各种现代化思潮的影响下开始了我国的社会现代化过程。在这个过程中，提高工业化程度被认为是提高国家与民族力量的最主要的途径。从 19 世纪末 20 世纪初开始，西学东渐之风盛行，"西化" 或 "工业化" 成为中国国内讨论的焦点问题。

按照经济发展的过程，可以把我国近代体育发展分为几个阶段：第一阶段为 1840—1914 年，是封建自然经济逐步解体、民族资本主义经济产生后在封建经济和帝国主义经济的夹缝中艰难成长的时期，体育经济开始孕育。第二阶段为 1914—1927 年，是帝国主义放松对中国的经济压迫、中国民族资本主义经济空前发展的时期，体育经济进一步发展。第三阶段为 1927—1937 年，是社会经济发展相对较快的时期，体育经济空前兴盛。第四阶段为 1937—1945 年，是抗日战争时期，经济遭受破坏，体育经济步入低潮。第五阶段为 1945—1949 年，是新民主主义革命胜利的时期，体育经济几乎破灭。[①]

工业化过程中，在城市里有了工人阶级，首先有了闲暇的概念。学生是接受新事物和现代体育的先锋，在上海、广州等地的中小学校和大学里，足球成为学生们最为热衷的体育运动项目之一。

在这种背景下，中国的许多首先开放的城市如上海、广州、大连等相继出现了足球运动的开展。现代足球运动传入大连的准确时间已经无从查考。比较统一的说法是：1905 年日本占领辽东半岛后，港口陆续开放，西

---

① 易剑东. 中国体育经济史 [M]. 北京：中国科学文化出版社，2003.

方国家的商船开始频繁进出大连港。有些船员上岸后，为了消除长时间海上生活的单调和疲惫，常进行一些非正规的足球比赛。开始的时候，大连人仅仅是好奇地观看，渐渐地对这项陌生的运动发生了兴趣，一些青年人也跟着试起脚来。①

(四) 足球运动发展的物质保障

19世纪末至20世纪初，世界经济快速发展，资本主义加紧向外扩张，科学技术的进步也是相当迅速的。这些对我国有着深刻的影响，我国的民族资本主义快速成长，工业化水平也不断提高，为我国的经济、文化发展提供了物质和技术的保障。

首先，足球器材与用品的生产技术提高，为足球运动在我国的开展提供了条件。和现代足球是西方传入的一样，中国足球器材与用品最初出现于外国传教士、外国人聚居区和一些教会学校中，这些足球用品大都是外国人来中国时带来的。随着我国足球运动的不断发展，参与足球运动的人数的增加，对足球运动器材与用品的需求也不断增加，在上海等一些大城市开始有外国的公司经销体育用品，足球及足球鞋是体育用品店的主要商品。②

其次，传播技术的发展，使足球运动在我国得到了普遍的宣传。民国时期，大众传播开始成为民众日常生活中不可或缺的组成部分，媒体报道的体育等内容也潜移默化地影响着人们的价值观念、行为取向与生活方式。传播技术的发展是足球运动发展的主要推动力量，为足球在我国被广泛接受和迅速普及起积极作用。

(五) 足球运动的发展的制度条件

在现代足球运动传入我国的初期，足球运动的开展主要是借助学校教育系统来实现的。从清末至中华民国时期，都设有专门管理学校的部门，有专门的规章制度。特别是1920年以后，国民政府成立，各省市均设立了教育局或教育厅。比如上海的中学，除了上海中学和吴淞水产学校归江苏省教育厅管辖外，其余的或属于上海市教育局，或直属中央政府，或由工程局管理。③

当时在华的外国人士，很多都致力于发展中国包括足球运动在内的体

---

① 张冼星. 大连足球百年史话 [M]. 沈阳：春风文艺出版社，2003.
② 易剑东. 中国体育经济史 [M]. 北京：中国科学文化出版社，2003.
③ 郎静. 近代体育在上海（1840—1937）[M]. 上海：上海社会科学院出版社，2006.

育事业。其中，基督教青年会在西方体育的引进、运动场地的建设、竞赛活动的组织以及体育专门人才的培养等方面，均发挥了重要作用，在中国近代体育史上有其特殊的地位。中华人民共和国成立前的中国基督教青年会是受美英等资本主义国家的基督教会所控制，从总体上看，它在政治思想上是倾向于帝国主义侵略势力的，但是它在传播西方资本主义文明（包括体育在内）方面做了许多有益的工作。

学校体育的发展，使我国早期的现代体育制度逐渐健全，足球运动在学校体育当中扮演着重要的角色。

二、我国足球运动的发展历程

经过了前面的分析和阐述，我们基本上对现代足球传入我国的开端以及在我国的发展概况，还有现代足球运动与社会学诸因素之间的关系有了大致的了解。对我们分析新中国成立后我国足球的发展状况提供了客观的视角和参照对象。

中国足球运动的真正快速发展是在新中国成立以后。自现代足球运动传入中国起，虽然有民国时期政府和爱国志士的大力支持，我国也参加了两届奥运会的足球比赛和一些亚洲的足球赛事，但还没有真正走上世界赛场，成绩不甚理想，当时整个亚洲的足球运动发展水平也很低。

新中国成立后，我国足球运动进入了快速发展阶段。竞技足球运动在亚洲处于较高的水平，参加了一些国际重大比赛并取得了不错的成绩。我国的大众足球运动也在竞技足球运动的带动下逐渐形成了加速发展的趋势。

就整个中国体育发展历程来说，目前对其历史阶段划分并不一致，我们认为从中国经济发展的角度对中国体育进行阶段划分是比较合理的。体育运动文化与其他文化形式一样，都是在一定社会的经济基础上发展起来的，中国经济的运行情况对中国体育运动的发展具有决定性的作用。从经济发展的角度划分的同时，当然也会借鉴其他划分方法，因为要体现出体育的自身特征。这一特征的体现主要依据新中国经济自身的发展状况。新中国体育管理在很长一段时间里都采用计划经济的大一统管理方式。改革开放以后实行了计划与市场相结合的商品经济，但仍以计划为主。1992年十四大以后，体育市场得以初步形成。这些变化，都是以中国经济发展的大背景为前提的。因此，我们可以把新中国体育发展的历史分为三个阶段。第一阶段，1949年新中国成立至1978年党的十一届三中全会；第二阶段，1978年党的十一届三中全会至1992年党的十四大；第三阶段，从1992年党的十四大至今。[①]

我们依据我国经济与社会的发展过程，结合足球运动自身的特点和中国足球运动发展的特点，可以把我国足球运动的发展历史划分为三个阶段：第一阶段为1949—1978年，是我国足球运动的全面发展与快速提高阶段；第二阶段为1978—1992年，是我国足球运动的普及与提高相结合阶段；第三阶段为1992年至今，是我国足球运动同国际接轨，走向职业化与产业化发展道路阶段。

（一）我国足球运动的全面发展与快速提高阶段（1949—1978年）

新中国成立之初，我国足球运动起点很低，足球技术水平与足球发达国家相比有着很大的差距。有幸的是，我国领导人意识到了体育对一个民族、对一个国家的重要性，懂得足球是体育运动中的重中之重。在毛泽东、周恩来等主要领导人的关怀下，1951年天津举办了第一届全国足球比赛，从而检验了我国足球运动的水平。

新中国成立后，逐步开展了足球运动。从新中国成立到1978年实行改革开放前这一阶段，在政府对足球运动大力支持以及经济建设快速发展的情况下，足球在我国的传播与发展有了较好的条件保障，竞技足球在这时期得到了一定的发展。但是由于历史的原因，仍带有一定的滞后性。在时代和政治的需求下，一切发展足球的手段都是围绕着足球的竞技职能，而无视它的娱乐、经济等其他职能的存在，这是该时期足球在我国发展的主要特征。

1951年举行的第一届全国足球赛，有6大行政区以及解放军、铁路等8个代表队参加比赛，从中选拔了我国首批30名国家队队员，他们是我国此后30多年来开展足球运动的骨干力量。1953、1954年接连举办了全国足球联赛，开始发展全国性竞赛活动。1954年后各省、市陆续组建了足球队，这一切都为举办甲级联赛奠定了基础和创造了条件。

1954年，中国足球协会成立，并于当年派出了中华人民共和国的第一批球员赴匈牙利，在当时最优秀的足球王国学习先进的足球技术。就是在那时，一批影响着中国足球达半个世纪之久的先驱者们，在绿茵场上注入了自己生命的全部热情，为中国足球运动的发展做出了杰出的贡献，中国足球的运动水平也在较短时间有了很大的提高。

短短几年里，中国足球运动迅速发展起来，与国外强队的比赛也互有胜负。中国足球运动在此时期，曾经看到过走向世界的曙光。

---

① 易剑东. 中国体育经济史 [M]. 北京：中国科学文化出版社，2006.

1957年开始建立了甲、乙级升降制足球联赛和青年足球联赛等较为系统的全国竞赛制度。1957、1958年参加足球甲级联赛的有12个队。1959年因举办第一届全国运动会，甲级联赛没有举行，但举办了全国足球锦标赛。1960—1963年参加全国足球甲级联赛的球队多达29—39支，1964—1966年则都为12支。1966—1977年被迫中止比赛。1978年起恢复了全国足球甲级联赛，每年一届，仍实行升降级制度。

这个阶段我国大众足球运动发展很快，群众基础也相当广泛。随着我国经济水平的不断发展，人民大众的生活水平逐渐提高，业余的体育锻炼便成了人们日常生活的一部分。

在这一阶段，我国足球运动的基本思路与发展框架初步建立起来。颁布了劳卫制，开始了联赛，成立了中国足球协会，虽然由于某种特殊原因我们和国际足球组织脱离了，但国内足球运动发展快速，技术水平提升明显。

(二) 我国足球运动的普及与提高相结合阶段 (1978—1992年)

1978年召开的党的十一届三中全会，是中国社会具有重要意义的里程碑。从1978年党的十一届三中全会召开前后到1992年，我国农村和城市经济改革启动，随后又创办经济特区，我国经济走上了健康的快速发展道路。

新中国最早提出现代化的概念是在"一五"计划里，当时提出要"集中主要力量发展重工业，建立国家工业化和国防现代化的基础"。后于1964年底在第三届全国人民代表大会第一次会议上，周恩来总理提出要"把我国逐步建设成为一个具有现代农业、现代工业、现代国防、现代科学技术的社会主义强国"。再后来于1987年10月中国共产党第十三次代表大会上提出"为把我国建设成为富裕、民主、文明的社会主义现代化强国而奋斗"。随着国家经济、社会的快速发展，生活水平的提高，足球运动作为人们的休闲和娱乐手段，被越来越多的人喜爱，不少人积极参与其中。

1978年中国实行改革开放政策，足球运动在神州大地上蓬勃发展，无论是竞技足球运动，还是大众足球运动均有了快速的发展。关心、热爱足球运动的人数不断增多；裁判员、教练员队伍不断壮大；足球运动的竞赛规则、竞赛制度也日益完善。

1983年召开了第5届全国运动会，当年足球甲级联赛分南、北两区，采用主客场双循环赛制，且没有实行升降级。1984年我国举办了首届足协杯赛，同时不断对甲级联赛的赛制进行改革。1987年我国召开第6届全国运动会，是年甲级联赛分成A、B两个组角逐，获得1986年甲级前8名的队参加A组比赛，采用主客场双循环赛制；获得1986年甲级第9至第16名的队和乙级前4名的队参加B组比赛，采用双循环集中比赛赛制，也没有实行升降级。1988年甲级联赛分两个阶段进行，获得第一阶段前12名的队和后8名的队，第二阶段再分两组较量，获得前8名的队、第9至第18名的队加上当年乙级联赛冠亚军队，分别参加1989年甲级A组和B组比赛；获得第19、第20名的队降为乙级队。1989年后甲级A组最后两名降至B组，甲级B组前2名和后2名分别升为甲级A组和降为乙级队。进入20世纪90年代后，为提高足球运动水平，我国先在甲级A组实行了主客场赛制。

1980年，国际足球联合会恢复了中国足协的合法会员资格，我们国家参加了第12届、第13届和第14届世界杯足球赛亚洲区预选赛，曾有过很好的冲出亚洲区预选赛、进入总决赛的机会，但是由于种种原因，没能顺利晋级世界杯决赛圈。

（三）同国际足球运动接轨走职业化与产业化发展的道路（1992年至今）

从20世纪80年代以来，世界经济高速发展，我国积极进行对外开放和发展市场经济，国家对经济体制进行改革，产权、资本等体制结构都发生了变化。1992年，以邓小平南方谈话和中共十四大为标志，特别是确立了社会主义市场经济。的目标之后，中国改革开放和现代化建设进入了新的阶段。从20世纪80年代末到90年代初，国际形势发生了巨大变化，苏联解体，冷战格局被打破，世界向政治多元化、经济全球化的方向发展。中国在变得更加复杂的国际关系中，迎接挑战和机遇，大力发展经济。1978年，中国国内生产总值为3624.1亿元，1997年达74772.4亿元，按可比价计算比1978年增长4.9倍。2004年，全国职工工资总额为16900.2亿元比1978年（568.9亿元）增长29倍，平均年增长112%；职工平均工资为16024元，比1978年（615元）增加了25倍，平均年增长96%。[①]

经济增长带动了我国文化事业的发展，我国足球运动也得到了进一步发展。面对我国经济发展状况的改变，足球运动需要尽快地进行改革，至20世纪90年代初，我国足球职业化的形成也是很自然的事情了。第15届世界杯外围选拔赛，中国队小组未能出线，促使中国足协采取更大的改革措施，加速提高我国足球运动水平，为此决定自1994年起实行足球俱乐部制。足球运动职业化是社会发展的产物，是经济、文化发展的产物。

随着我国经济和社会的发展，1992年中国足协做出重要决定，将足球

---

① 王梦奎. 中国经济发展的回顾展望 [M]. 北京：中国财经出版社，1999.

运动率先试行职业化。自 1994 年中国足球甲 A 联赛、甲 B 联赛首次亮相开始，足球运动职业化转眼过去了 16 个年头，球市由繁荣到萎靡，甲 A 或中超球队的比赛水平日渐降低，影响比赛的外在因素越来越多，我国职业化成功和失败的地方都值得我们认真地反省和深思。我国职业足球的发展思路与发展动力问题也值得我们去继续研究。

第二章　足球运动体能与素质

第一节　足球运动与健康

一、足球的运动与身体健康

足球运动是一项全身性、综合性的集体运动项目，具有较强的对抗性、技巧性，经常从事足球运动，可以加强身体的新陈代谢，改善神经系统的功能，保持身体内部与外部环境的平衡，对身体健康具有积极的促进作用。

（一）身体健康概述

身体健康是健康的基石，是心理健康和良好社会适应的基础。身体健康不仅仅是身体形态发育良好、各系统协调配合，还包括对疾病和不良环境的抵抗能力。身体健康包含两方面的含义：一方面是形态发育良好，有较强的身体活动和劳动工作能力，同时人体各系统生理功能良好；另一方面是对疾病和不良环境的抵抗能力。

身体健康是从事一切事物的本钱，如果只花不存就会出现健康"赤字"。只有不断地补充健康资本，才能保证正常的生活、学习和工作。然而大部分情况下人们并不在意身体出现的"小症状"，而将其归因于太累了、没有休息好等客观原因，殊不知这是身体给自己的警示。那么，如何判断自己的身体正处于一个不错的状态呢？在此，我们总结了身体健康的8条标准，供大家参考。

（1）善于休息，睡眠好。有充沛的精力，能从容不迫地进行日常生活和繁重工作而不感到过分的紧张和疲劳。

（2）新陈代谢良好，每日一便。有资料显示，正常健康人每24小时需要排一次大便，这样有利于身体内新陈代谢所产生毒素的排除。而且保证每天1500毫升的饮水，一方面保证人体对水的需求，另一方面促进人体内水循环，带走身体垃圾。

（3）有较强的身体活动和劳动工作能力。体力较好，身体轻快，步伐轻松，感到不累不乏。

（4）身体各个系统能够协调配合。人体八大系统，各个系统都是协调配合共同完成人体给予的"工作任务"的，离开哪个系统的参与都不能完成任务。如果哪方面觉得不适，就说明这方面的系统出现问题，需要及时调整，有必要就要看医生。

（5）能够抵抗一般性感冒和传染病，对不良环境有一定的抵抗力。现代环境污染、生活节奏快、生活压力大等各方面因素引起各种传染性疾病的肆虐和环境的改变，都会给人体带来不适和伤害。健康的体质能够对这些变化有比较强的适应能力和抵抗力。

（6）体重适当，身体匀称，站立时头、肩、臀位置协调。身体形态良好不仅影响个人形象，也是身体健康的基础。BMI 指数（身体质量指数，简称体质指数，又称体重指数），是用体重千克数除以身高米数平方得出的数值，是目前国际上常用的衡量人体胖瘦程度以及是否健康的一个标准。专家指出，最理想的体重指数是 22，成人适中的 BMI 指数男子为 20—25，女子为 19—24，高于这个范围过重，低于则相反。

（7）眼睛明亮，反应敏锐，眼睑不易发炎。眼睛是心灵的窗口，眼明手快不仅是一个人反应能力的表现，也是一个人健康状况的表现。

（8）牙齿清洁，无龋齿，不疼痛，牙龈颜色正常，无出血现象。

（二）足球运动对身体健康的促进作用

（1）有利于发展个体的耐力素质，是增强心肺功能的有效途径

首先，进行足球运动时，机体各器官系统必须获得充足的氧气及营养供应。为了完成这一任务，人体的"动力源"——心脏就必须提高单位时间内的供应能力，这就需要供应心脏的心肌细胞能够获得充足的氧气和营养，充足的氧气和营养供应就使得心肌强壮，心脏重量增加，心脏的容积增大，搏动有力，每搏输出量增加。有研究表明：从青少年开始坚持足球运动的人即使到了中老年，其心脏的大小和功能仍然类似于青年人的心脏，经常锻炼可使人的心脏延缓衰老。

其次，足球运动还能大大增强肺功能。进行足球运动时，由于肌肉运动需要更多的氧气，因而呼吸次数增加，深度加深，肺通气量大大增加。譬如，安静时一般人每分钟呼吸 12—16 次，每次呼吸吸入新鲜空气约 500 毫升，而在进行足球运动时，为安静时的 5 倍，每分钟呼吸次数可增至 40—50 次，每次吸入空气达 2500 毫升，为安静时的 5 倍，每分钟肺通气量可高达 70—120 升。因此，在足球运动中，呼吸器官可得到很好的锻炼与增强。

经常进行足球运动还有助于呼吸肌力量增大，胸廓运动性能增强，使肺泡具有更好的弹性。譬如，一般人安静时，由于需氧量不多，大约 1/20 的肺泡张开就足以满足需要，因此肺泡运动不足。而足球运动锻炼时，由

于需氧量增加，促使大部分肺泡充分张开，对肺泡弹性的保持及改善十分有益，有助于预防肺气肿等疾病的发生。

(2) 有利于提高个体速度素质，对身体健康有重要的影响

速度素质是人体进行快速运动的能力或在最短时间内完成某种运动的能力，按其在运动中的表现可分为反应速度、动作速度和周期性运动的位移速度三种形式。速度素质不但直接决定某些项目的成绩，而且也影响其他素质的提高和发挥。速度素质对身体健康具有重要的影响。

足球比赛临场情况瞬息万变，根据球以及对方队员的位置和意图不断变化，有时也根据本队特定战术的需要，在场上要不断改变跑动的方向、距离、路线及节奏。比赛中，运动员要随时改变方向来控制球和应付突然的情况，这就要求运动员移动时重心稍低，步频快，步幅稍小（无球和较长距离位移时例外）。此外，比赛中要进行大量的冲刺跑和在快速跑动中完成技术动作，对于反应速度、动作速度不仅是一种考验，也是一种锻炼。因此，经常从事足球运动有利于提高速度素质。

另外，大量的快速起跑、急停、变速跑，要求运动员有较强的力量和快速的反应，以及快速的起动和位移速度，在激烈的对抗中争取时间、抢得空间。只有具备了快速的运动能力，才能使技战术得到有效的实施和发挥。

(3) 有利于提高个体力量素质，增强身体健康

力量是指人体神经系统在工作时克服或对抗阻力的能力。力量是人体运动的最基本素质，力量的大小在一定程度上影响着其他素质的发挥。足球是对抗性体育项目，足球运动大部分动作要求快速反应爆发式完成，还要求高度的机动性和灵活性。

足球运动的力量特点是以爆发力（以最快速度克服阻力的能力）为主的一种非周期性肌肉运动。这种力量素质的例子有：短距离快速起动加速跑、突然变向或转身、强有力的踢球、空中争顶或凌空倒勾射门等。由于足球运动员克服球和肢体重力是恒定的，在完成各种有球及无球动作中，运动员实际需要的是在特定负荷条件下所表现出的最大动作速度力量和速度力量耐力。

对于一名优秀的足球运动员来说，肌肉的爆发性力量是必须发展的素质，特别是髋、膝、踝关节和腰腹部的屈伸力。研究表明，这些肌肉的速度量直接关系到起动速度、弹跳力和踢球力量，而且在优秀运动员与一般运动员之间，存在着明显的差异。

(4) 有利于提高个体柔韧素质，改善健康状况

有研究表明，增强柔韧素质对改善健康状况具有如下作用：柔韧性是

体能的重要标志之一，可以加大运动幅度，提高动作效果，有利于肌力和速度的发挥；加速动作掌握进程，使动作学习轻松自如，做动作也更加协调和准确；减少肌肉等软组织损伤，防止伤害事故发生；有助于肌肉放松和情绪稳定。

足球运动员的柔韧素质，突出表现在足球运动所需要的髋、腰、膝、踝关节运动幅度及下肢肌肉和韧带的伸展能力上。它对于足球运动员掌握和提高技术动作（尤其是高难度技术动作）、避免运动创伤和发展其他身体素质都有重要作用。

足球运动可以有效地使柔韧性得到改善。首先，足球运动可使关节周围组织的功能增强。其次，足球运动可产生适合于柔韧性功能改善的体温。

(5) 有利于提高个体灵敏素质，改善健康状况

灵敏是指运动员在各种复杂条件下，迅速、协调、准确、灵活地完成动作的能力。足球运动员的灵敏素质是运动员运动技能和各种素质在运动过程中的综合表现。它要求运动员在极短的时间内做出良好的判断，并且在完成动作过程中能准确、协调地处理好自己身体各部位及自己与对手或球之间在时间上、用力上、节奏上、空间变化上的合理关系。现代足球运动对抗激烈、快速多变，要求运动员在极困难的条件下瞬间完成各种动作，如各种虚晃、快慢动作交替的过人、突然加速或变向的摆脱跑位、在夹击和冲撞条件下的即兴射门等，这些都对运动员的灵敏素质做出了严格的要求。

足球运动是提高个体灵敏素质的有效途径。首先，在比赛中运动员要快速灵活地改变身体状态。其次，要及时合理地调整自己的身体平衡。此外，还要协调巧妙地保持人与球的紧密相随。这些都对个体灵敏素质的提高具有良好的作用。

足球比赛通过一系列的不同形式的有球与无球运动，可以有效地提高个体的耐力素质、速度素质、力量素质、柔韧素质和灵敏素质，进而增强个体的各项生理系统的功能，达到增强体质，提高个体健康水平的目的。

二、足球运动与心理健康

(一) 心理健康

1. 心理健康的定义

心理健康是一个极其复杂的动态过程，涉及人的生理遗传、生活环境和社会环境错综复杂的变化，所以，围绕心理健康概念的表述也不统一。

在总结国内外研究结果的基础上，我们认为心理健康是指人类的一种心理状态，即人对内心世界具有一定安全、稳定、随和、充分的自信心，对外界环境的适应能以社会上公认的形式进行判断和应对，对于是非曲直能有自己鲜明的立场和态度。也就是说无论遇到任何困难和阻力，心理上都能沉着稳定和充满自信地以社会公允的行为准则去克服，凡是具有这种心态和勇气的状态，就是健康的心理状态。

2.心理健康的标准

马斯洛的心理健康标准

（1）有充分的自我安全感。

（2）能充分了解自己，并能对自己的能力做出恰当的评价。

（3）生活的理想和目标切合实际。

（4）不脱离周围现实环境。

（5）能保持人格的完整与和谐。

（6）具有从经验中学习的能力。

（7）能保持良好的人际关系。

（8）具有适度的情绪表达与控制能力。

（9）在不违背集体意志的前提下，能有限度的发挥个性。

（10）在不违背社会规范的情况下，能适当地满足个人基本需要。

世界卫生组织（WHO）提出的心理健康标准

（1）具有健康心理的人，人格是完整的，自我感觉是良好的，情绪是稳定的，且积极情绪多于消极情绪；有较好的自我控制能力，能保持心理平衡；自尊、自信、自爱，而且有自知之明。

（2）一个人在自己所处的环境中，有充分的安全感，能保持正常的人际关系，能受到别人的欢迎和信任。

（3）心理健康的人，对未来有明确的生活目标，有理想和事业上的追求，并能脚踏实地、不断进取。

我国的心理健康标准

（1）对自己有正确的认识和恰当的评价。

（2）正视现实并对现实环境有良好适应。

（3）建立和谐的人际关系。

（4）热爱生活，献身事业。

（5）保持健全的人格。

（6）能协调情绪，保持良好的心境。

尽管对心理健康的评价标准不尽一致，但是在认知能力正常、情绪稳定、健全的个性、良好的人际关系、充足的自信心和耐受力等方面，能使大家的认识得到统一。

3.影响心理健康的因素

人既是有机的自然个体，也是参与社会活动的成员，既要进行自身的新陈代谢，也必须适应周围的各种环境。人类只有在生理上和心理上不断地调节自身来适应周围环境的变化，才能有健康的生活和积极向上的进取精神。通常，周围环境的各种刺激都会诱发人产生生理和心理的变化，是积极的还是消极的，取决于个体对刺激的认知、评价和情绪体验以及对它的应对能力。因此，对影响健康心理的因素问题，就应从人的主观因素和客观因素来考虑。

（1）生理和遗传因素

人的心理活动主要是在后天的社会生活环境影响下和在社会实践活动过程中形成和发展起来的。但是，一个人的气质、能力、性格和神经系统活动特点的某些成分会明显地受到遗传因素的影响。

（2）心理和社会因素

随着社会的发展，影响心理健康的心理和社会因素是复杂多样的，其中影响较大的有家庭环境与早期教育、生活事件和环境变迁、都市文化、心理冲突与不良人格特征等。

（二）足球运动对心理健康的促进作用

对于一个健康人来说，进行长期科学、适宜的足球运动，通过进行有氧锻炼、力量和灵敏素质练习，可以改善人的心理健康水平，降低人的焦虑水平，并提高自定效率，发展积极的情绪。对于患有心理疾病的人来说，通过长期科学、适宜的足球运动锻炼能较大程度地改善心理状态。

1.足球运动是体育锻炼中控制人类社会进化的有效手段

在社会日益都市化的今天，自然和社会、身与心、形与神的相互联系是社会的需要、时代的追求。几百万年来，人类身体的发展基本上是一种自然发展，不被人类所控制，而社会的进步、科学的发展，使人类认识到人类进化在一定程度上是可以控制的。体育锻炼就是控制人类社会进化的一种有效手段，体育锻炼中的足球运动不仅是身体和心理的磨炼，更是一种愉悦的享受，它使人身体健康，心情舒畅。

2.足球运动是促进大学生个性、心理良性发展的重要途径

大学生这一群体的文化背景、年龄特征、心理特征、社会角色特征决定了他们心理健康的自身特点。大学生具有较高的智力水平，富有活力，朝气蓬勃，他们在激烈的竞争和完善自我的奋斗中承受着巨大的压力。足球运动可以有效缓解压力，消除紧张。

（1）足球运动具有调节人体紧张情绪的作用，能够改善生理和心理状态，帮助机体恢复体力和精力。

（2）足球运动能增进身体健康，使疲劳的身体得到积极的休息，使人精力充沛地投入到学习、工作中去。

（3）足球运动可以陶冶性情、保持健康的心态，充分发挥个体的积极性、主动性和创造性，从而提高自信心，使个性在融洽的氛围中获得健康、和谐的发展。

（4）足球运动可以培养团结、协作的集体主义精神。

3. 足球运动促进性格、气质的形成和发展

足球运动塑造人的心灵，促进个性和气质的发展。两千多年前，荀子曰"形具而神生"，即精神要依赖于身体，有了身体才有精神。18世纪法国医生兼科学家拉美特里曾说："有多少种体质，就有多少种不同精神、不同性格和不同风习。心灵随着肉体的进展而进展，就像随着教育程度的进展一样"。现代足球运动的发展进一步证实了前人的观点，它告诉我们：在创造健壮形体的同时，足球运动也是一种快乐的运动，它使人身体健康，心情舒畅，有利于塑造愉快、开朗、健康的心态，促进个性气质的健康发展。

4. 足球运动能培养对自我、家庭、集体、社会的责任感

解剖自我，认识自我，迎接挑战，运动过程就是人新的价值形成的过程，而这种价值积累是其他任何社会教育所不可替代的，它具有一种培养人的特殊含义。足球运动使人乐于与他人交往，不仅接受自我，也能悦纳他人，能认可别人存在的重要性和作用，同时也能被他人理解，被他人和集体接受，使人际关系协调和谐。足球运动使人和集体紧紧地融为一体，既能共同享受胜利的快乐，又能共同分担失败的痛苦，这种气氛能使人产生安全感，对自己充满信心，正确对待生活、学习和工作中的各种困难和挑战，能够与社会的步调合拍，也能和社会、集体融为一体。

体育社会学家告诉我们体育运动中体现的精神、原则、体育道德等，具有很高的社会价值。足球运动中树立公正、守法、民主、竞争、协作、团结、友谊、诚实等道德观念，是社会不可缺少的规范文化，对于青少年乃至全体社会成员都具有教育意义。

5. 足球运动可以带来良好的情绪体验

除了上述道德价值外，足球运动还为参与者提供了一个体验"尖峰时刻"的机会，这种体验可以提高人们的生活质量。尖峰时刻包括最佳表现、流畅体验、锻炼高潮等良好的情绪体验，它们是奖励性的、难忘的和强有力的个人体验。尖峰时刻经常出现在足球运动中，而且是对身体运动的一种特殊而有价值的自我奖赏。

最佳表现在足球运动中代表着个体卓越的机能和出色的行为，它能促进人们产生对特定任务的胜利感、个人能力的卓越感、对技能的控制感以及自我效能感。这些感受几乎渗透在个人生活的每个方面，它们会促使人们产生强烈的生活满意感和健康幸福感，对于心理健康十分重要。

足球运动中，高峰体验包含着强大的乐趣和从事运动时兴高采烈的情绪。这种乐趣和兴高采烈的主观感觉可能会影响人总体的生活满意感，它是心理健康的重要标志。

流畅体验是在足球运动中，个人能力与任务难度相匹配时产生的内在享受，如过人后射门进球时。流畅体验可能增加人们的快乐，并提高人的健康幸福感，而这也是心理健康的重要标志。

第二节　足球的运动素质

发达的肌肉可以降低球员受伤的风险。即使在最公平的比赛（最近已不多见）中，一定量的身体接触也是不可避免的。所以，足球始终是风险最高的运动项目之一，这并不令人感到意外。

受伤的风险并不会、也不应该让铁杆足球运动员踌躇不前。正确的准备可以大幅降低比赛的风险。

除了提高整体的身体素质，训练有素的肌肉的主要好处是预防受伤。在比赛过程中会出现一些正常的负荷，如铲球、扭身或急停，被动肌肉骨骼系统是否会被这些应力损坏，或者它是否可以吸收并化解这些应力，其实是由它周围肌肉的力量所决定的。肌肉支持并保护脆弱的结构，如关节、肌腱和韧带。当然，热身也不是无所不能的。如果喜欢追潮流，并将袜子向下卷到脚踝位置，而不是拉起来盖住护腿板，那么，如果最终让腿打了石膏，自己也不应该感到惊讶。此外，极少有足球运动员能像他们的专业同行那么幸运，他们不能在修建整齐的球场上打球，而是必须在泥泞的场地上东奔西跑，这些场地与足球的唯一相同之处就是它们的大小。

一、问题方面

为了让身体有良好的准备，关键是在锻炼或比赛前进行热身。充分热身的肌肉能够更好地吸收杠杆和旋转力量，在比赛过程中，关节和韧带经常要承受这种作用力。

最复杂的关节（即膝关节）是最容易损伤的。在足球运动中，它经常要承受巨大的应力。严重的急性膝盖问题通常不是直接由对手造成的，而是由危险的旋转力和杠杆力造成的，如果脚在将球踢出之后被卡在草皮或对手的腿中，就可能会发生这种危险。即使是普通的踢球动作也可能会导致膝关节及周围的韧带出现问题。训练有素且充分热身的肌肉可以提供保护，避免严重受伤。

在膝盖区域，关键是非常发达的股四头肌和腘绳肌，为此，可以在训练计划中包括蹬腿升降架和股四头肌训练器上的练习。要在肌肉的整个移动范围内训练肌肉，并从一开始就用拉伸来补充力量训练，这是很重要的。密集的力量训练会使肌肉更加紧张，如果不恰当处理它，这可能会导致新的问题。有力但已缩短的大腿肌肉会增加受伤的风险。

二、跟腱

在足球运动中，并非只有膝盖在承受巨大的应力。脚踝也很容易受伤。足球运动员经常抱怨在这个区域会感到非常疼痛，而在脚踝下半部（跗骨和踝骨之间）的伤远比在脚踝上半部（踝骨和小腿的骨头之间）的伤罕见，并且通常是由影响脚外侧的扭伤所引起的。

如果肌肉退化的程度更加严重，跟腱的问题也会随之增多，甚至导致撕裂。老话说的好：在恢复训练之前，要确保已完全伤愈。在炎症的急性期，冰敷是最好的处理方法。从长远来看，有针对性地加强小腿肌肉是防止问题进一步恶化的最佳保护。肌腱撕裂通常是由不对称的负荷造成的，而原因可能是脚放在不正确的位置，以及缩短的小腿肌肉。充分的拉伸练习和力量练习可以保证长期帮助肌腱减轻负荷，并避免受伤。

专业球员在受到跟腱问题的折磨时，可以依靠医生、物理治疗师和教练的整个团队，他们会携手保护其门生的健康状况。业余选手往往会觉得只能孤独地对付自己的痛楚。

教练和医生最初会建议你彻底休息，直到伤势好转。如果有人敢在表面上没有受伤症状几个月后就恢复训练，肌腱炎就会经常复发。

原因很清楚：肌腱炎不是踢足球造成的，而是由小腿肌肉不够强壮导致的。在它们得到强化之前；肌腱总是会超负荷。更糟糕的是：强制的休息将会使小腿肌肉变得更加软弱，使它们帮助肌腱减负的能力更差。曾经不得不处理这种问题的人就会知道在这个区域的炎症有多么顽固，让人生厌。有时，甚至都不敢把重心放在伤脚上。

三、肌肉

说到在足球运动中最容易受伤的部位，清单上的头一个就是肌肉本身。几乎三分之一的伤患都涉及肌肉。这包括由于非常高的训练负荷造成的无损伤的肌肉僵硬，还有跌打损伤和劳损，以及最终的肌肉或纤维的完全撕裂。针对所有这些伤患的最佳保护是在锻炼或比赛前进行彻底热身，以及有针对性的力量训练。

力量是各种动作的前提。与普遍的观点相反，更大更强壮的肌肉不会减慢速度。强壮的肌肉总是快速的肌肉。举重及相关类别的运动员总是优秀的短跑选手。想要提高自己的冲刺能力的人并不需要多跑；他们需要增强自己的大腿肌肉的最大力量。

可以肯定，越来越多的足球运动员正在使用健身房和训练设备，但他们通常会选择比较轻的重量，并重复很多组练习。只有在以局部肌肉的耐力为主要目标时，这种做法才有意义，但局部肌肉的耐力已经是足球训练的核心要素之一。耗时的"举重"既不会增加速度、跳跃能力，也不会增强爆发力。

足球的举重训练必须是密集和重型的。最大力量训练意味着不能多于也不能少于一般会接近目前体能极限的负荷，以提高这些极限。举起的重量应至少是最大重量的85%。对于这么重的重量，重复的次数要限制为至多3—5次。要举起这么重的重量，需要非常集中精神，而该重量加上不断增加的疲劳程度，使中枢神经系统遇到了真正的挑战。从长远来看，最大力量训练不仅可以提高速度和力量，也几乎可以让运动员根据需求发挥出最大潜力。

训练只在赛季中定期进行。即使这样，每周2—3次相对较短的训练课是很不够的。只应在核心躯干肌肉足够强大时才锻炼最大力量，这是为了在高负荷时能够稳定脊柱。在最大力量训练之后，是稳定所获得的力量水平的阶段，以及恢复阶段。

四、下蹲

负重深蹲是体重训练所提供的最有效练习。这些练习让大腿的正面和背面都承受负荷。小腿肌肉保持静态。膝关节几乎在其整个活动范围内移动，从而加强刺激关节的每一个位置周围的结构（肌肉、肌腱）。正确执行的下蹲也代表了最自然的全身负荷。足球运动员的关键点是，腿部肌肉的

x

功能性强化可以帮助问题区域（如膝盖和跟腱）减轻负荷。

深蹲主要影响四头肌，也就是在大腿正面的下肢大伸肌群。臀部肌肉和在大腿背面的股二头肌（腘绳肌）也会参与。在负重下蹲的情况下，腰背部肌肉也起到一定的支撑作用，因此，在执行下蹲前，这部分肌肉也应进行热身。由于涉及多块肌肉，下蹲需要非常好的协调性，而这也是使得它如此有益的原因。

练习的效果也取决于所使用的重量。例如，如果体重75千克的运动员在深蹲时肩膀负重150千克，则他的双脚的负重共为225千克！心理优势是另一个好处。几乎没有任何其他运动可以像与杠铃对抗这么界限分明且令人兴奋，这创造了无与伦比的训练积极性和好斗情绪，这些都是自愿举起这么高负荷所必需的。

第三节　足球运动的体能

足球比赛时间长，强度大。高水平的足球赛，球员以中等强度跑10—11千米。其特点是以中等强度的间歇性有氧运动为主。参与足球运动就存在着如何训练体能的问题。

一、体能训练的基本内容

足球运动是一项需要身体素质水平很高的运动项目，它既要求速度、力量、灵敏性，又要求具备良好的爆发力和耐力。优秀运动员在一场高水平的足球比赛中的跑动距离超过14000米，同时还要进行频繁的加速、减速、变向、跳跃等运动，由此可见，体能是参与足球运动的基础。

足球训练中的体能练习涉及许多学科，科学认识体能训练的内容、价值、原则及体能发展的敏感期等基本问题，对于同学们利用足球体能训练来增强体质和指导体能练习具有重要的意义。

对于一般人来讲身体形态和身体机能只要具备正常的功能，就可以适应日常环境和正常的生活活动。绝大多数同学是具备这种基本能力的。但对于想进一步提高自己足球运动能力的同学来说，增强在足球活动中所必需的有关体能能力是十分必要的。

在足球比赛中，要在承担超常的运动负荷和极度紧张的心理状态下进行活动，仅仅使身体形态、身体机能和运动素质维持在一般的水平上是远远不够的。以"华科大联赛"为例，许多同学由于对体能训练不重视或训练不科学，导致在比赛的下半场出现抽筋现象。因此，同学们必须在正常的生理范围内挖掘其最大的潜力，乃至达到自己生理水平的极限，才能在"华科大联赛"赛场上充分展现自己的综合素质和能力。

体能训练的基本内容是充分发展与足球专项运动成绩密切相关的力量、速度、耐力、灵敏性、柔韧性等运动素质，从而大大促进同学们的身体形态和机能的改善，为在足球场上取得优异成绩奠定良好的基础。

二、体能练习的价值

体能练习的价值体现在以下几个方面。

(一) 促进身体健康，充分发展运动素质

健康是同学们从事足球训练的必要条件，良好健康体质是系统训练的根本保证。体能训练能够有效提高同学们内脏器官特别是心血管系统、呼吸系统机能水平，增强骨骼、肌肉、韧带等的功能，使中枢神经系统得到明显改善，从而有效提高同学们的身体健康水平。

通过体能训练，能够有效地增强同学们的体能能力，提高速度和耐力素质，为参加足球训练奠定良好的基础。在"华科大联赛"比赛中，通过调查了解，许多受伤的同学就是因为平时缺乏专门的体能练习而引起运动损伤。

(二) 保证身体机能适应足球比赛的需要

从第一届奥运会到现在，训练已经经历了自然发展阶段、新技术广泛运用阶段、大运动量阶段、科学训练阶段。训练手段的发展都是为了使每一个竞技运动的参与者具备强健的体魄、良好的身体机能，为创造优异成绩奠定基础。足球比赛是一项大强度、强对抗的运动，体能水平如何，对比赛的胜负有着直接的影响。因此，更应重视体能能力的增强。

(三) 有利于掌握技术，避免运动损伤

体能训练实际上是使机体的各器官系统功能协调发展，使其具有从事专项竞技运动能力的过程。只有在充分发展各项运动素质的基础上，才能很好地掌握复杂、先进的技术，并避免运动损伤。

三、体能练习的原则

同学们在进行足球训练之前应该了解体能训练的基本原则与方法，应清楚地认识到体能练习是绝对不能少的一个重要环节。

(一) 系统性原则

系统性原则是指开始从事训练到创造优异成绩，都应按照体能发展的内在规律，做出相应的合理规划，持续不断地进行训练。系统性原则要求对整个训练过程不仅系统规划，对多年训练计划做出安排，而且对训练的内容、手段、负荷等方面也应做出系统安排。

(二) 全面性原则

全面性原则是指在发展专项技能的前提下，应全面安排和充分发展各项运动素质，提高一般身体机能水平，以促进专项素质和技术的提高。同学们在大一期间就应重视体能的全面练习，应该将在大一期间学到的五种基本素质练习方法合理运用到平时的锻炼中，即使不参加校、院 (系) 队，也进行增强体能能力的训练。

(三) 从实际出发原则

从实际出发原则要求体能训练必须有针对性，安排练习内容时要因人、因项目、因时而定，合理确定和安排体能练习内容和负荷。此外，还应使各个运动素质按比例地平衡发展。

第三章　足球运动的技术与训练

第一节　足球运动的热身训练

国际足联（FIFA）是一个世界足球管理机构。在 1994 年的 FIFA 世界杯上，一位高级别的 FIFA 行政官无意间问道："难道我们不能让比赛更安全些吗？"每个人都必须承认，参加体育运动特别是身体接触项目运动是有风险的。球员会受伤。难道就不能采取措施降低受伤的比率？

这个简单的问题成为国际足联医疗评估和研究中心（F-MARC）的发展动力。F-MARC 的其中一个主要目标是减少足球比赛中发生受伤的事故率和严重性。首要任务是记录世界锦标赛级别的受伤事故率。F-MARC 必须清楚应该尽量避免哪些伤害。那么到底是解决导致时间损失最多的严重伤害，还是影响大多数球员的常见伤害？虽然已经有很多相关的受伤研究，但是研究所使用的方法都互相矛盾，因此几乎不可能进行比较和总结。F-MARC 采用了目前最好的方法，同时在 1998 年 FIFA 世界杯上首次执行伤害监测方案。而在当今 FIFA 主办的比赛中也还一直使用这个方案。通过这个方案，F-MARC 就稳定的掌握了世界锦标赛级别的受伤数据。

在 F-MARC 成立之前，很多预防报道都是依据专家意见而非研究证据。在 20 世纪 90 年代之前，只有一个来自瑞典的实验性研究项目设计了针对预防足球比赛伤害的研究。但是这个项目过于宽泛，很难针对最有效的方面。

伤害预防研究分为四个步骤。第一，确定可以通过伤害监测项目避免的受伤类别。第二，确定受伤机制（受伤发生的原因）。第三，制订预防草案。最后，在球员中执行这些草案，同时观察受伤比率是否下降。事实上，所招收的球员会被随机分成两组。一组接受草案干预，而另一组则不执行草案。记录下特定时间的所有伤害，同时比较两组的受伤比率。

第一份瑞典研究报道显示，所有的伤害显著下降了 75%，但是在现实中，没有人可以遵守这么多干预措施或要求队员完全执行如此死板的方案。第一个 F-MARC 伤害预防项目对欧洲大部分高中男生作了分析，结果显示整体受伤比率下降了三分之一。这个下降比率似乎与随后的研究是一致的。这个方案是 F-MARC 的首个预防方案，取名为 The 11，它包含 10 项预防练习和公平竞争口号（在世界锦标赛级别的比赛中，男运动员接近一半的受伤和女运动员大约四分之一到三分之一的受伤都是因为运动员比赛犯规所导致的）。

伤害预防的一个重要方面是归集特定伤害的风险因素。风险因素可以分为与球员相关因素（技术缺失、健康问题和旧伤）和与球员无关因素（裁判素质、场地条件和环境因素）。健康水平和技术缺失等风险因素是可以降低的，而性别、年龄、环境和场地条件等风险因素则是不可改变的。研究表示，干预一些可改变的因素（例如，腘绳肌力量）可以成功地预防受伤。但是记住，历史旧伤最容易再次发生受伤。腘绳肌拉伤的球员再次发生拉伤的风险显著提高；有报道表示，受伤风险会增加 8 倍。结论显然就是必须预防第一次受伤。

从最初的瑞典项目开始之后，医学文献上出现了大量的预防实验。有些综合实验的设计是为了降低整体伤害比率，而有些实验则面向特定伤害预防。例如，在团队比赛中，方案特别制定了针对足踝扭伤、膝盖扭伤、腘绳肌拉伤和腹股沟拉伤的预防措施。预防方案可以分为初级预防（预防第一次受伤发生）或次级预防（预防经常发生的受伤）。腘绳肌拉伤和膝盖拉伤的预防方案属于初级预防，但也同样适用于次级预防，而足踝扭伤预防方案则是次级预防。到目前为止，没有任何预防方案可以预防运动员的第一次足踝扭伤。

膝盖，特别是前交叉韧带（ACL）的伤害预防研究一直都备受关注。ACL 受伤在足球和篮球等运动中的发生比率较高，同时女性运动员比男性运动员发生风险的概率高达 3 到 8 倍。这个问题在初中和高中女生以及大学女生的身上都很明显。女性足球运动员身上出现多处 ACL 受伤是很常见的；运动员发生第一次受伤的年龄越小，那么他发生其他受伤的风险就越高。大量的预防研究显示，有些预防取得了不俗的成绩（女性青年运动员发生 ACL 受伤的比率下降达到 70%），而有些预防则没有任何成效。

坚持落实是任何预防方案的关键。将这些方案作为训练和比赛常规热身的一部分可以收获相当不错的效果。如果经常执行这些预防方案，就可以有效降低 ACL 受伤比率。如果只是偶尔执行预防方案，那么结果就很难预料了。大多数专家希望看到 75% 或更高的方案落实比率。

腘绳肌拉伤已经成为高水平比赛中最棘手的问题。这个 20 年前微不足道的受伤，在现代比赛节奏之下已经位列专业球员受伤的前四位，有时候在俱乐部比赛中还排名第一。在专业俱乐部的一个赛季中经常出现 6 次或更多次腘绳肌拉伤。但是研究显示，不管是第一次拉伤或者是复发性拉伤，腘绳肌拉伤都是可以预防的。定期地完成腘绳肌训练，可以非常有效地预防腘绳肌拉伤。

腹股沟拉伤是足球和冰球比赛中的常见问题。球员一般会做静态拉伸来避免腹股沟拉伤。问题是，没有任何舆论认可静态拉伸准备活动可以有效预防一般受伤，更不用说腹股沟拉伤等特定受伤了。但是报道显示，将静态拉伸转换为动态拉伸在伤害预防方面取得了一些成效。虽然静态拉伸很不错，但是大多数专家建议在比赛之后的一天做静态拉伸，或者在放松阶段而非前期热身活动中做。

腹股沟拉伤并不像运动型疝气一样常见于冰球和足球比赛。腹股沟拉伤是典型的肌肉拉伤，而且往往是长收肌受伤。大多数球员都清楚受伤发生的时间。运动疝气，也叫作吉尔摩的腹股沟、运动疝或者运动型疝气，是一种靠近传统疝部位的结缔组织炎症或拉伤。造成受伤的具体实例无法列举。在冲刺或激烈踢球时，球员会抱怨腹股沟拉伤。在医生的办公室里，球员坐下或躺下抵触到髋屈肌或者咳嗽时，这种疼痛有时会再现。虽然这些受伤大部分出现在男性运动员身上，但是运动疝气也会出现在女性运动员身上。具体原因不清楚，而且这种受伤的诊断对于医生是一项临床挑战，因为太多其他的问题也会有这种类似的疼痛。

遗憾的是，没有任何明确的诊断检测或成像方法是专门针对运动疝气的。虽然冰球运动中有专门针对疝气的看似有效的预防方案，但是当尝试引进到专业足球运动员时，可能由于球员和团队落实不佳，结果也无从确定。因为伤害很难确诊，因此患有慢性腹股沟疼痛的运动员必须咨询运动医学专家。即使受伤球员接受建议，采取更多的休息、按摩、添加固件、药物治疗等方法，疼痛还是会频繁反复。欧洲比美国更多执行的常规疝气修补术已经被证明是相当有效的手术干预措施，但是，这种解决方案不一定适合每个人。

随着收集的数据越来越多，F-MARC 研制出第二个版本的 The 11。这个 The 11+ 修订版不仅改进了训练方式，而且整个训练项目还替代了球队在训练或比赛之前的全身热身运动。这就是：The 11+。The 11+ 在挪威女性青年运动员身上的测试有两个明显的结果。第一，预期整体伤害减少了三分之一。第二，方案得到很好的落实，因为修改后的设计方案提高了球员和教练的兴趣及参与度。作为热身运动，The 11+ 为运动员提供了训练和比赛的热身准备。作为教学工具，大量的练习为球员提供了着地、断球和转身的恰当技巧。正确着地时，膝盖应该弯曲超过固定脚，不能形成所谓的外翻位置。教练必须监视运动员的这些训练，同时纠正运动员不正确的着地和断球技术。

虽然有大量预防方案可供使用，但是 The 11+ 获得了广泛的认可和接受。基于成功的推广和特别的足球关注，The 11+ 的训练已作为本章热身运动的基础。(表3-1)可以在 http: //f-marc. Com/11plus/index. html 查找到关于 The 11+ 的其他信息,包括一个显示整个例程的图表。一旦球队掌握了训练例程,那么整个方案就可以在15到20分钟内完成。记住,The 11+ 替代了球队的热身运动。

表3-1　慢跑训练

训练编号	训练名称	页码	组数
1	直线慢跑	32	2
2	髋关节向外慢跑	33	2
3	髋关节向内慢跑	34	2
4	绕着搭档慢跑	35	head2
5	肩膀接触式慢跑和跳跃	36	2
6	向前和向后慢跑	37	2

表3-2　力量、增强式和平衡训练

训练编码	级别1	级别2	级别3	页码	组数
7	静态支撑	双腿交替支撑	单腿抬起支撑并保持平衡	38	2(每条腿做2组)
8	静态侧身支撑	髋关节抬起的侧身支撑	单腿抬起侧身支撑	40	2(每侧)
9	初级腘绳肌	中级腘绳肌	高级腘绳肌	42	1
10	单腿站立抱球	单腿站立并向搭档扔球	搭档测试单腿站立	44	2(每条腿)
11	脚趾抬起深蹲	弓步	单腿深蹲	46	2(每条腿)
12	直立跳	侧身跳	跳箱	48	2

表3-3　跑步训练

训练编码	训练名称	页码	组数
13	跑过球场	50	2
14	跳跃	51	2
15	定点断球	52	2

热身运动可以让身体逐步适应更加强烈的训练。这是非常重要的,因为当身体体温比休息时的体温高时,身体才可以更有效地运动。因此,The 11+一开始的训练就是短暂的慢跑。

在慢跑训练之后,球员会进行力量、增强式和平衡训练。这些训练可以动态地拉伸肌肉,为赛场上更加激烈的运动做好准备。

推广热身运动的其中一个目的是为接下来的运动做好身体准备。The 11+中的很多训练都是具有挑战性但强度不高的训练。而每次跑动训练都是较高强度的运动,可以让身体更加接近更正规训练的强度。跑动的步伐不是疾跑,而是难度相对较高的跨步跑。提高跑动速度意味着提高步频和步长。这样,让摆动腿的移动更快,着地起跑腿则更强壮。各种跑动速度中所使用的实际肌肉都是一样的,但是通过让更多肌肉细胞参与跑动和要求每个细胞更好地收缩,大脑可以指示每块有效肌肉更努力地工作。

一、直线慢跑

(一) 步骤

将6到10对椎体以5到10码(约5至9米)的距离并排成行——对于青少年球员可以距离近些,成人球员可以距离远些。(这种椎体结构可以在所有的慢跑训练中使用。如果有很多球员参加,可以排成两行或者更多行。与一名搭档一起从第一对椎体开始慢跑到最后一对椎体。在返回开始椎体的过程中可以逐渐加快速度。完成两组。

(二) 锻炼的肌肉

主要肌群:髋关节屈肌(主要是腰肌和部分髂肌)、股四头肌(股内侧肌、股外侧肌、股中间肌、股直肌)、腓肠肌和比目鱼肌。

辅助肌群:腘绳肌(股二头肌、半腱肌、半膜肌)、腓骨肌(腓骨长肌、腓骨短肌和第三排骨肌)和胫骨前肌。

(三) 足球训练的影响

热身运动的其中一个目的是提高身体内部体温。这是很重要的,因为所描述的代谢功能在体温高于休息体温时工作效率最高。有些常规慢跑就是提高身体内部温度的简单方法。当开始流汗时,身体内部温度正处于能量代谢最有效的温度范围。The 11+可以有效提高身体内部温度。

二、髋关节向外慢跑

(一) 步骤

设置与上一页直线慢跑训练一样的椎体结构。与一位搭档一起行走或慢跑并在每一对椎体前停下，抬高膝盖将髋关节向外转动。在连续椎体结构处交替转动左右腿，直到到达终点，接着慢跑返回起点。完成两组。

(二) 锻炼的肌肉

主要肌群：髋关节屈肌、臀肌 (臀大肌、臀中肌和臀小肌) 和阔肌膜张肌。

辅助肌群：内收长肌、内收大肌 (后臀纤维)、缝匠肌和梨状肌。

(三) 足球训练的影响

很多教练和运动员认为静态拉伸可以提高成绩和避免受伤，但是科学证据显示却并非如此。全方位关节运动的动态拉伸并不会影响体能，相反还可以减少拉伤。足球运动员较容易出现腹股沟拉伤，因此可以在热身活动中进行特定的腹肌沟动态拉伸。

三、髋关节向内慢跑

(一) 步骤

设置与直线慢跑训练一样的椎体结构。与一位搭档一起行走或慢跑。遇到每一对椎体时，抬高膝盖并向外摆动，然后向内旋转髋关节。在连续椎体结构处交替转动左右腿，直到到达终点，接着慢跑返回起点。完成两组。

(二) 锻炼的肌肉

主要肌群：内收肌群 (内收长肌、内收大肌、内收短肌、股薄肌)、臀小肌和臀中肌。

辅助肌群：耻骨肌和阔肌膜张肌。

(三) 足球训练的影响

大多数关于灵活性的训练方案会强调相对的肌肉群训练。这种动态内旋转训练可以平衡之前的动态外旋转训练。对于这两种动态灵活性训练，确保不管是在肢体动作的开始或结束，都要在整个关节活动范围转动大腿。

每次转动可以稍微加大幅度，这样训练会更有效。

四、绕搭档慢跑

(一) 步骤

设置与直线慢跑训练一样的椎体结构。与一位搭档一起慢跑到一组椎体。各自向两侧慢跑，然后两人在中间碰头。与搭档相互围绕着跑一圈，然后回到椎体位置。遇到每对椎体都重复相同的动作。保持脚趾着地，弯曲髋关节和膝盖以保持重心低位。从终点慢跑到起点。完成两组。

(二) 锻炼的肌肉

主要肌群：腓肠肌、比目鱼肌、臀大肌、髂胫束 (起跳脚) 和内收肌 (牵引脚)。

辅助肌群：腘绳肌、股四头肌、腓骨肌、胫骨前肌、腹部核心肌群 (腹外斜肌、腹内斜肌、腹横肌和腹直肌) 和用于控制姿势的脊髓伸肌 (骶棘肌和多裂肌)。

(三) 足球训练的影响

足球运动要求进行各种距离、方向和速度的横向运动。横向运动是灵活性的一方面，也是足球运动员看重的特质。这种温和的训练可以为球员的下一项训练做好准备。朝两个方向跑动可以平衡两条腿的负重。在进行任何运动的训练时，都要确保膝盖不受伤。

五、肩膀接触式慢跑和跳动

(一) 步骤

设置与直线慢跑训练相同的椎体结构。与一位搭档，一起慢跑到第一对椎体处。各自向外侧跑动并在中间与搭档碰头，然后向着搭档的一侧跳动以确保肩膀与肩膀接触。弯曲髋关节和膝盖，双脚着地。不要让膝盖碰到一起。与搭档同时跳动和着地。在每个椎体处重复相同的动作。到达终点椎体时，慢跑返回起点。完成两组。

(二) 锻炼的肌肉

主要肌群：腓肠肌、比目鱼肌、臀大肌、髂胫束 (起跳脚)、内收肌 (拉伸腿）、股四头肌和腘绳肌。

辅助肌群：腹部核心肌群、腓骨肌和胫骨前肌。

（三）足球训练的影响

膝盖受伤，特别是 ACL 受伤的主要原因是球员直接双脚着地导致膝盖受伤。这个别扭的位置会导致 ACL 扭伤，从而撕裂韧带和损伤半月板。The 11+ 中的很多训练都会教导球员控制着地和断球的方法。这对于中学年龄上下的女运动员特别重要，因为这个年龄阶段最容易造成 ACL 撕裂。着地时要柔和且平稳。确保膝盖不要受伤。

六、向前和向后慢跑

（一）步骤

设置与直线慢跑训练一样的椎体结构。与一位搭档一起快速慢跑到第二组椎体处，然后快速倒退回第一组椎体处。各自向外侧跑动并在中间与搭档碰头，然后向着搭档的一侧跳动以确保肩膀与肩膀接触。弯曲髋关节和膝盖，双脚着地。不要让膝盖碰到一起。与搭档同时跳动和着地。在每个椎体处重复相同的动作。到达终点椎体时，慢跑返回起点。完成两组。

（二）锻炼的肌肉

主要肌群：髋关节屈肌、股四头肌、股后群肌、腓肠肌、比目鱼肌和臀肌。

辅助肌群：腹部核心肌群和脊髓伸肌。

（三）足球训练的影响

这个训练比本组中其他训练的速度要快一些。迈出的前脚要稳，同时确保膝盖向前超过脚尖且不会碰到一起。快速慢跑向一个椎体，再快速倒退回去，同时保持良好的平衡和姿势。稳定起跳腿，然后朝着两个椎体快速慢跑。要小步慢速跑动，而不是迈着大步走。保持正确的姿势——弯曲髋关节和膝盖——手臂动作幅度尽可能大些。

七、支撑

（一）步骤

级别1：静态支撑

脸朝下趴下，以前臂和双脚支撑身体，肘部必须与肩膀垂直。用前臂撑起身体重量。收腹并保持姿势20到30秒。这个静止姿势如果保持足够长的时间，全身的核心肌肉都会紧张。正确的姿势是很重要的，必须确保肘部与肩膀垂直，同时从头部到躯干、髋关节到脚踝的身体各个部位呈直线姿势。不要晃动或弓背。身体向下直到接触到地面，接着重复刚才的动作。

级别2：交替腿支撑

只需添加髋关节拉伸就可以加大这项基本且重要的肌力训练难度。挑战在于要一直保持身体的直线姿势。这个训练最重要的是姿势。脸朝下趴下，以前臂和双脚支撑身体。肘部与肩膀垂直。以前臂撑起身体重量，收腹。将右腿抬起并保持2秒钟。放下右腿，接着抬起左腿并保持2秒钟。交替双腿运动并持续40到60秒钟。放慢抬起和放下腿的速度可以达到更好的效果。保持身体呈直线姿势。不要晃动或者弓背。重复这个训练，每组时间为40到60秒钟。

级别3：单腿抬起并保持姿势支撑

这种支撑结合了等长运动（保持抬腿姿势）和动态动作（抬起和放下腿），难度更大。保持腿部抬起20到30秒会增加脊柱和髋关节拉伸的难度。脸朝下趴下，以前臂和双脚支撑身体。肘部必须与肩膀垂直。以前臂撑起身体重量，收腹。将一条腿抬高6英寸（约15厘米），并保持姿势20到30秒钟。保持身体呈直线姿势。确保对侧髋关节不下沉，并且不要晃动或弓背。放下腿稍作休息，接着交换腿重复训练。每条腿做两次训练。

（二）锻炼的肌肉

主要肌群：腹部核心肌群、脊柱伸肌、臀肌和腘绳肌。

辅助肌群：肩膀稳定肌肉群包括旋转肌群（棘上肌、棘下肌、肩胛下肌、小圆肌）和肩胛稳定肌肉群（大菱角肌和小菱角肌、斜方肌和背阔肌）。

（三）足球训练的影响

支撑有时也称为平板支撑，是一项基本且重要的肌力训练。不要跳过第1和第2级别直接进行最难的级别。当可以毫无局部疲劳和不适感轻松完成一个级别时，就可以进入下一个级别的训练。没有预备训练很难直接进行高级别的支撑训练。

八、侧身支撑

(一) 步骤

级别1：抬臀侧身支撑

侧身躺下并保持着地腿膝盖弯曲成90度支撑。以前臂和膝盖撑起上半身。支撑手臂的手肘必须与肩膀垂直。将上面的大腿和髋关节抬高到肩膀、髋关节及膝盖呈一条直线。保持姿势20到30秒钟，然后身体往下移动，直到接触地面。稍作休息，换到身体的另一侧并重复训练。身体两侧分别进行两次训练。

级别2：抬臀侧身支撑

这个变体动作添加了臀部移动，增加了核心肌群的负重。侧身躺下，双腿伸直。以前臂和小腿一侧支撑身体重量，保持身体从肩膀到脚部呈直线姿势。支撑手臂的手肘必须在肩膀正下方。髋关节向下移动直到身体接触地面，然后再次抬起。反复训练20到30秒钟。稍作休息，换到另一侧，继续重复训练。每一侧都进行两次训练。

级别3：抬腿侧身支撑

级别3比级别2的挑战性更高。抬腿本来就难度相当高。侧身躺下，双腿伸直。以前臂和小腿一侧支撑身体重量，保持身体从肩膀到脚部呈直线姿势。支撑手臂的手肘必须在肩膀的正下方。抬起上面一条腿，然后慢慢放下。反复训练20到30秒钟。身体向下移动直到接触地面，稍作休息，换到另一侧，然后重复训练。每条腿都进行两次训练。

(二) 锻炼的肌肉

主要肌群：腹部核心肌群、脊柱伸肌、臀肌和腘绳肌。
辅助肌群：肩膀稳定肌肉群（旋转肌群和肩胛稳定肌群）。

(三) 足球训练的影响

侧身支撑直接作用于负责横向控制核心肌群的肌肉。忽视这个肌肉群会导致忽视重要的核心控制功能。分三个级别进行支撑训练，不要绕开级别1和级别2直接进入级别3训练。当可以毫无局部疲劳和不适感而轻松完成一个级别训练时，就可以进入下一个级别的训练。

九、腘绳肌

(一) 步骤

级别 1：初级腘绳肌

双膝跪在软垫子上。请一位搭档蹲在后面，然后将你的足踝固定在地面。训练过程中，身体从肩膀到膝盖部分必须完全呈直线姿势。可以双手交叉在胸前或者双手做好支撑身体的俯卧撑姿势准备。身体尽可能往前倾，控制腘绳肌和臀肌的动作。当不能再保持姿势时，可以将双手换成俯卧撑姿势来支撑身体重量。重复完成 3 到 5 次。

级别 2：中级腘绳肌

重复 7 到 10 次初级腘绳肌训练。

级别 3：高级腘绳肌

重复 12 到 15 次初级腘绳肌训练。

(二) 锻炼的肌肉

主要肌群：腘绳肌和臀大肌。

辅助肌群：脊柱伸肌和腹部核心肌群。

(三) 足球训练的影响

现代比赛的速度显著提升。足球已经成为一项非常适合于体力充沛且爆发力强的运动员的运动。随着技术和战术的发展，伤害也发生了变化。在 20 世纪 70 年代，腘绳肌拉伤是很少见的。现在，腘绳肌拉伤已经位列足球耗时受伤前四名。有些报道显示，专业球队在每个赛季可能出现 6 次甚至更多的腘绳肌拉伤事件。较微的拉伤会导致球员退场休息几周，而较为严重的受伤可能导致球员停赛四个月以上。总之，在比赛密集的美国学校和以俱乐部为主的赛季，腘绳肌拉伤可能会导致球员整个赛季停赛。因此，球队必须采取任何可能避免腘绳肌拉伤的措施。这种训练 (有时候称之为北欧卷曲或俄罗斯腘绳肌) 可以有效避免球员腘绳肌拉伤，特别是对于带有旧伤的球员，因此本训练很有必要作为日常训练项目的一部分。力量提高之后就可以增加训练的次数，同时试着控制下压的高度，尽可能接近地面。这个训练不仅可以减少发生腘绳肌拉伤的风险，同时可以增强腘绳肌，从而有助于球员在断球或着地时稳定膝盖和髋关节，为避免膝盖受伤增加另一层保护。

十、单腿站立

(一) 步骤

级别 1: 单腿抱球站立

抱球会造成部分注意力分散和平衡注意力转移，这样大脑和脊髓区域会更下意识地调节平衡。单腿站立保持平衡，双手抱住足球，将身体和球的重量集中到站立腿的脚上。保持膝盖不要碰到一起，坚持 30 秒钟。换腿然后重复训练。每条腿训练两次。可以在腰部或抬起的膝盖上运球来增加训练难度。

级别 2: 单腿站立并向搭档扔球

级别 2 的平衡训练通过向搭档扔球来分散注意力提高难度。接球者必须观察和跟踪扔过来的球，预测球飞出的路径并做出反应，同时调整身体位置、平衡和姿势以便最后接住球。与搭档之间的站立距离为 2 到 3 码 (约 2 到 3 米)。两人都必须单腿站立，双手抱球。在保持平衡和收腹的同时，将球扔向搭档。将体重集中在站立腿的脚上。保持膝盖稍微弯曲，但是双膝尽量不要碰到一起。将注意力放在控制站立脚的这个支撑膝盖上，保持膝盖不要前后晃动。反复扔球 30 秒钟。交换腿接着重复训练。每条腿训练两次。

级别 3: 搭档测试单腿站立

级别 3 平衡训练更具挑战。与搭档面对面间隔一个肩膀的距离单腿站立。这时两个人都会尝试保持平衡。可以轮流从不同的方向推对方，使对方失去平衡。使用一只手或双手从不同的方向轻触对方，从而使对方失去平衡。必须快速地接触和做出相应反应。保持体重集中在站立腿的脚上，同时膝盖不要碰到一起。目标是保持平衡和锻炼支撑脚这一侧的膝盖。控制训练幅度；这个训练很容易出现失控状况。保持训练 30 秒钟，然后交换腿。每条腿完成两组。

(二) 锻炼的肌肉

主要肌群：髋关节屈肌 (腰大肌和腰小肌、髂肌和股直肌)、髋伸肌 (臀大肌和腘绳肌)、阔筋膜张肌、缝匠肌和髂胫束。

辅助肌群：腹部核心肌群和脊柱伸肌。

(三) 足球训练的影响

作为直立行走的人，我们需要不断地保持平衡并保证重心高于支撑面。

当重心在支撑面适度半径之外时，我们必须做出反应并改正，否则就会跌倒。平衡是一个复杂的生理过程，它集合了大脑和脊髓的运动环境感应和反应模式。在做出反应之前，大脑的特定区域会在很短的时间对比预定和实际的动作信息。很多膝盖受伤的发生都是因为在身体失衡时反应不够快而导致的。单腿站立、深蹲可以改善人们在不同运动中的平衡和膝盖控制。

十一、深蹲

（一）步骤

级别1：脚跟抬起深蹲

腿部力量提升包括三个难度逐级增加的训练。这是第一个级别训练。双脚分开与髋同宽站立。双手放在两侧髋骨上。想象着坐在椅子上的感觉。髋关节和膝盖弯曲呈90度，往下深蹲。不要让膝盖碰到一起。慢慢往下然后快速直腰往上。当双腿完全站直时，将脚跟往上抬起，然后慢慢往下回到开始位置。完成两组训练。

级别2：弓步行走

级别2的训练是弓步行走，主要是单腿动作。最好是让教练在前面观察你的动作以保证技巧正确。弓步行走可以明显提高股四头肌、髋关节屈肌和腹股沟的柔韧性。双脚分开与髋同宽站立。双手放在两侧髋骨上。慢慢朝前弓步行走。在行走时，弯曲前腿直到髋关节和膝关节弯曲为90度，同时后腿膝盖接近触碰地面。不要扭伤前腿膝盖。保持上身直立，抬头且髋关节不晃动。注意前腿膝盖位于脚面上方，但不要超过脚尖。保持膝盖不会前后晃动。弓步行走时深吸气，站直时呼气。很多人在每个弓步行走之间都要稍作暂停。在到达终点之后交换腿训练（每条腿大约训练10次），然后慢走回到起点：在球场上完成两组训练。

级别3：单腿深蹲

级别3训练是相当有挑战性的。单腿深蹲并保持未着地腿的膝盖位于站立脚面上方，这可能是所有训练中膝盖最难成功控制的。让教练在前面观察并提醒是否很好地控制膝盖。在搭档旁边一起训练，两人都单腿站立，然后轻轻抓住彼此以保持平衡。尽可能保持躯干直立，慢慢弯曲膝盖，角度尽可能大但不超过90度。注意避免膝盖碰到一起。慢慢弯曲膝盖，在伸直时速度稍微快一些，保持髋关节和上半身呈直线姿势。重复训练10次，然后交换腿训练。每条腿完成两组训练。

（二）锻炼的肌肉

主要肌群：髋关节屈肌、臀大肌、股四头肌、腓肠肌和比目鱼肌。
辅助肌群：腹部核心肌群、脊柱伸肌和腘绳肌。

（三）足球训练的影响

这个预防方案的另外一个部分是控制球员在断球或跳跃时的着地方式。球员以直立姿势硬着地会出现膝盖受伤风险。为了避免这种风险，球员必须学会软着地，减少髋关节、膝盖和足踝的冲击力。软着地要求球员具备良好的脚踝灵活性，因为膝盖和髋关节无法取代足踝的作用。

十二、跳跃运动

（一）步骤

级别1：垂直跳

双脚分开与髋同宽站立。双手放在两侧髋骨上。想象将要坐在椅子上的感觉。慢慢弯曲双腿，直到膝盖恰好弯曲到90度，保持2秒钟。不要让膝盖碰到一起。以这个深蹲姿势尽可能高地跳起。稍微弯曲髋关节和膝盖，前脚掌轻轻落回原地。重复这个训练30秒钟。休息一下，接着再完成一组训练。

级别2：侧身跳

级别2不仅是难度较高的单腿着地，而且还增加了侧身动作。侧身跳然后单腿着地非常类似于足球运动中的方向改变（断球）。训练比比赛中的断球速度明显慢很多。训练中重要的是正确的姿势，而非速度。单腿站立，上半身沿着腰部稍微往前弓，膝盖和髋关节也稍微弯曲。从支撑腿到摆动腿侧身跳动的距离大概是1码（约1米）。前脚掌轻轻着地。着地时要弯曲髋关节和膝盖，同时膝盖不要碰到一起。控制躯干保持稳定。最新的研究显示，躯干控制不好会比摇晃的膝盖更先着地，因此能够很好控制躯干的球员也可以很好地控制膝盖。

在每次跳跃时保持平衡。注意不要发生轻微的躯干转动、脊柱侧弯或两者同时出现的错误。同时注意手臂是否为了保持平衡出现相反动作。如果无法控制躯干，可以减少侧身跳动的距离。只有做到可以控制躯干，才可以增加跳跃的侧身距离。重复这个训练30秒钟，休息一下，再完成另一组训练。

级别3：跳箱

级别3包括前后、左右和对角线方向双脚着地动作。双脚分开与髋同宽站立。想象着地面上画有一个十字交叉图，自己站在交叉图正中间。交替着向前后、左右以及对角线方向跳动。尽可能快且有爆发力地跳动。膝盖和髋关节必须稍微弯曲。前脚掌轻轻落下着地。膝盖不要碰到一起。以正确的着地技巧在交叉中点到点地跳动。平稳地着地，减少足踝、膝盖和髋关节的冲击力。重复训练30秒钟，休息一下，再完成另一组训练。

（二）锻炼的肌肉

主要肌群：臀大肌、股四头肌、腓肠肌和比目鱼肌。
辅助肌群：腹部核心肌群和脊柱伸肌。

（三）足球训练的影响

着地时的膝盖控制是避免受伤的主要因素。这些简单的增强式训练解决了着地问题（增强式训练刚好在肌肉收缩之前拉伸肌肉）。轻轻且稳定地着地可以减少足踝、膝盖和髋关节的着地冲击力。保持膝盖位于脚面上方，并且不让双膝相碰。

往下跳时，不要双腿直直地硬着地。这种情况特别常见于初中和高中时期的女性运动员。薄弱的腘绳肌和着地的冲击力会导致一些球员直接硬着地。僵硬的直腿着地会导致胫骨前移，从而对 ACL 产生压力。当膝盖接近于直线姿势时，腘绳肌在稳定胫骨前移时会处于结构上的劣势，从而造成 ACL 受伤。当膝盖弯曲时，冲击力不会造成胫骨前移；膝盖的屈曲能力越强，发生 ACL 拉伤的概率就越低。

十三、跑过球场

（一）步骤

以最大速度的75%到80%，从球场的一边跑到另一边。慢跑回来，然后再跑一次。

（二）锻炼的肌肉

主要肌群：髋关节屈肌、股四头肌、腓肠肌和比目鱼肌。
辅助肌群：腘绳肌、腓骨肌和胫骨前肌。

（三）足球训练的影响

大约三分之二的比赛都是以行走和慢跑的形式进行的。有些人将之称为位置强度，即在球场上根据球和球员的移动调整自身位置。剩下三分之一的比赛则是较快的速度。这些较快的速度（跟跑和冲刺）被称之为战术强度，发生在球员们齐心协力进攻或防守时。热身运动是为了接下来的训练所做的准备，其中包括攻击或防守的战术训练。这些较高强度的跑动可以很好地为接下来更艰难的跑动做好身体准备。忽视较高强度的跑动，直接进入高强度训练会造成训练强度发展过快，从而增加受伤的风险。

十四、跳跃

（一）步骤

以高跳跃的步伐跑动，抬高膝盖并以前脚掌轻轻着地。每一步都大幅度摆动手臂（手臂和腿的方向相反）。前腿不要超过身体中心线或者膝盖不要碰到一起。反复训练直到到达球场的另一边，再慢跑回来以恢复体力，接着再跑一次。

（二）锻炼的肌肉

主要肌群：髋关节屈肌、股四头肌、腓肠肌和比目鱼肌。
辅助肌群：腘绳肌、腓骨肌和胫骨前肌。

（三）足球训练的影响

这个训练类似于田径运动员的训练。每一步都是着地腿用力蹬地，摆动腿的膝盖尽可能朝上，往前迈一大步。腿部的运动还伴随着大幅度的手臂摆动。保持躯干稳定和直立。前腿不得超过身体中心线。保持膝盖位于前腿脚面之上，使之在着地时不会外翻。

十五、定点断球

（一）步骤

慢跑4或5步，固定外侧腿，铲腿以改变球的方向。在减速之前，以最大速度的80%到90%加速冲刺5到6步，接着固定外侧腿并朝相反方向铲腿。固定外侧腿时，不要让膝盖碰到一起。重复训练，直到到达球场的另一边，然后慢跑回来再训练一次。

(二) 锻炼的肌肉

主要肌群：髋关节屈肌、股四头肌、腓肠肌和比目鱼肌。
辅助肌群：腘绳肌、腓骨肌和胫骨前肌。

(三) 足球训练的影响

这是一个关于灵活性的训练。很多人认为必须尽可能快地训练灵活性，但是当侧重速度时，形式和姿势往往会发生变化。在这种情况下，正确的形式、姿势和膝盖控制比速度更重要。这个训练要求较快的速度，但是不能以牺牲形式来追求更快的速度。稳定地固定外侧腿，减少冲击力对足踝、膝盖和髋关节的影响，然后以相反的方向角度冲刺。

第二节　足球运动的手臂、胸部、腹部训练

一、手臂

现代的足球技巧由传球和控球组成。控球技术要求球员能防止对手抢球。控球球员可以在比赛规则允许的情况下使用手臂，从而使控球球员看起来更强大，截球的难度更高，更有助于控球球员控球。有一种日渐流行的4—5—1踢法，这种踢法要求前锋具备良好的控球能力，可以将球传给快速跑上来的中锋队友。球员在防守压力下的有效控球可以为比赛争取到很多的时间。

电视上，某些球员在赛后脱掉衣服露出的发达肌肉就足以说明一切 (如果他们在进球后以示庆祝而这么做，有可能会收到黄牌警告)。想达到这种比赛水平，你就必须训练上半身抵抗力。

上肢可分为三部分，上臂的主要骨头是肩关节到肘关节的肱骨。前臂是肘部到手腕部分。前臂包括桡骨和尺骨两部分。手和手腕构成了第三部分。手腕有8块骨头，而手有19块骨头。

(一) 骨头、韧带和关节

肱骨是上臂的一块骨头。在靠近躯干的一端 (这里是肱骨肩膀端) 有一个接合肩胛骨关节窝的圆头。圆头周围就是胸部和上背肌肉附着的区域。

上臂从肩膀到手肘，肱骨基本上是很平滑的，三角肌和其他肌肉附着在肱骨变宽并形成手肘上半部分之前的那一段。

前臂的两块骨头分别是尺骨和桡骨。尺骨靠近小指，桡骨则在拇指一侧。前臂的独特功能是可以向外（或向后）和向内（或向前）转动手掌。(其实很容易记：端汤时，手掌向上) 当手掌向上时，这两根骨头是平行的；当手掌向下时，桡骨交叉于尺骨之上。尺骨靠近手肘或关节的一端是一个环绕肱骨螺旋状表面的钩状物。(用手触摸手肘，关节背后的节点就是尺骨) 桡骨上端有一个扁平凹槽，接合着肱骨下端的圆形凸状物。这两块骨头环绕肱骨移动以进行屈肘 (减小肘关节角度) 和伸肘 (增加肘关节角度)。手掌向下是指桡骨的扁平凹槽端将尺骨旋转到掌心向下位置 (手腕处也有类似动作)。严格来说，是前臂而非手肘转动导致手掌向下和手掌向上。许多韧带维持了关节的完整性，但是韧带也容易受到网球肘和少年棒球肘等损伤。位于桡骨和尺骨之间的强壮韧带可以保持前臂骨头平行，并加宽前臂的肌肉附着区域。

手腕和手的结构非常复杂。手腕由两组平行骨头 (腕骨) 组成，每组腕骨有四块小骨和一些连接相邻骨头两端的小韧带。近侧列腕骨与尺骨和桡骨的下端相连，桡骨越大连接会更好。手腕的动作包括屈腕和伸腕以及独特的手尺侧倾和手桡侧倾动作。手尺侧倾指的是手向尺骨弯曲 (即减小小指和尺骨之间的角度)；手桡侧倾指的是手向桡骨弯曲 (即减小拇指和桡骨之间的角度)。远端那组腕骨连接着五块构成手掌的掌骨。这些掌骨从拇指开始分别编号为 I 到 V，都连接着一个手指 (或拇指)。四个手指由三块指骨 (近端指骨、中间指骨和远端指骨) 构成，而拇指则有两块指骨 (近端指骨和远端指骨)。

（二）肌肉

所有肌肉都有两个附着点。起点是固定端；止点是活动端。在绝大多数情况下，活动肌肉会发生起点牵拉止点的收缩。清楚骨骼的解剖和肌肉的起点和止点可以了解肌肉的动作或骨头围绕特定关节的移动方式。上肢的肌肉主要作用于手肘、前臂、手腕和手指，但是在一些情况下也会影响肩膀。

（三）手肘动作肌肉

手肘可以弯曲和伸展。上臂的肱三头肌控制手肘伸展。Triceps (肱三头肌) 指肌肉的三个头，而 brachii (臂) 指上臂部位。(很多肌肉的命名是描述性的，你只要稍懂拉丁语就可以明白) 长头是沿着上臂后面下来的中间肌肉。它的起点刚好在肩胛骨的关节窝下面。内侧和外侧头的起点在肱骨的长传动轴上。屈伸肌腱将这三个头附着到手肘节点上。当肱三头肌将止点拉向起点时，就会拉动尺骨，出现前臂伸展。肱三头肌的长头还可以交叉肩膀和帮助肩膀伸展。

前臂伸展的相反动作是前臂弯曲。上臂的肱二头肌控制前臂弯曲。Biceps（肱二头肌）指肌肉的两个头。这两个头都在肩胛骨上。一个头在关节窝的上面，刚好与肱三头肌的长头相对，而另一个头在肩胛骨上的另一个位置上，位于三角肌下面。这两个头构成了肱二头肌的肌腹，而这块肌腹嵌入在一块肉眼可见且手可触摸的桡骨肌腱上。

肱二头肌下面的第二块前臂屈肌是肱肌。它起始于肱骨前侧，止于尺骨前侧，刚好越过尺骨钩。第三块屈肌是肱桡肌，起始于肱骨上端，止于桡骨茎突的底部外侧。这三块肌肉控制着前臂的屈伸。

肱二头肌止于靠近桡骨处。它收缩时，会首先向前转动前臂，然后才是前臂弯曲。当前臂向前转动时，肱二头肌会努力屈曲。但是，当向后转动前臂时，肱二头肌肌腱会稍微环绕桡骨，因此它首先会向后旋转。向后转动右手，然后将左手放在肱二头肌上；这样你就可以感受向前转动前臂时肱二头肌的收缩。

注意，肌肉以相互对抗的形式灵活地运作——一组肌肉弯曲则另一组肌肉伸展。彼此之间相互对抗的肌肉称之为拮抗肌。协同执行同一动作的肌肉称之为主动肌。

（四）手腕和手部肌肉

手部的灵巧是人体工程的奇迹。嵌入手腕、手部和手指的大量前臂肌肉控制着精细动作的完成。大部分前臂肌肉起始于肱骨下端内侧或边侧的肌腱。在手肘两侧就有很多这样的小凸块；而手肘内侧的小凸块可以看作是尺骨端。前臂的肌腱上有一块被称为韧带的硬肌腱组织，它环绕在手腕的袖口位置上。

执行屈曲的肌肉主要起始于前臂前侧的中间凸块。伸肌起始于外侧凸块，向下延伸到前臂后侧。这里还有大量深层肌肉。大多数前臂肌肉的命名方式分为动作（屈曲或伸展）、位置（尺侧或桡侧）和嵌入点（腕、趾、拇指、食指或小指）。名称中带有 radialis（桡骨）的收缩肌肉执行手桡侧倾。而名称中带有 uInaris（尺骨）的肌肉执行手尺侧倾。手部上大量的小内附肌协助这些肌肉运作，同时执行摊开手指和移动拇指等动作。

执行手腕弯曲的肌肉分别是桡侧腕屈肌、掌长肌和尺侧腕屈肌。而执行手腕伸展的肌肉分别是桡侧腕长伸肌、桡侧伸腕短肌和尺侧伸腕肌。执行手指屈曲的肌肉分别是指浅屈肌、指深屈肌和拇长屈肌。执行手指伸展的肌肉分别是指伸肌、小指伸肌、食指伸肌、拇长伸肌和拇短伸肌。

（五）滑轮下拉

1. 步骤

（1）坐在高拉滑轮机上，将座位调整到适合自己身高。调整座位，衬垫保护。训练过程必须一直坐在座位上。

（2）双手抬起，正手抓住拉杆。弯曲手肘将杆往下拉到下巴下面，同时挤压肩胛骨。接着继续将杆往下拉。

（3）慢慢将重量恢复到开始位置。

2. 锻炼的肌肉

主要肌群：背阔肌和大圆肌。

辅助肌群：肱二头肌、肱肌和抓住杆的前臂肌肉。

3. 足球训练的影响

根据裁判规则，伸出手臂抓住对手是犯规的行为，但是在比赛焦灼的状态下，手臂和肩膀仍然必须足够强壮才可以抵抗对手。在带球突破防线时，使用手臂可以保持平衡和距离。手臂和肩膀的肌肉组合可以做到这一点。仔细观看现代比赛中的前锋。他们的手臂和肩膀上的肌肉都非常发达。在一些使用滑轮系统的仪器设备中，训练时可以跪着面向设备。随着力量的提高和抗阻力的增强，可以让一位球员搭档站在你后面，压住你的肩膀让你保持着地姿势。

（六）坐姿肱三头肌伸展

1. 步骤

（1）坐在低靠背的椅子或者没有靠背的凳子上。双腿叉开，膝盖弯曲，双脚平放在地上。

（2）双手手掌朝内分别握住哑铃，同时保持垂直姿势。

（3）手肘朝天花板方向抬起。弯曲手肘，使哑铃重量落到头部后面。保持手肘接近双耳位置。

（4）伸展前臂，直到完全伸直。

（5）慢慢将哑铃回到起始位置。训练过程中，保持背部直立姿势。

2. 锻炼的肌肉

主要肌群：肱三头肌。

辅助肌群：腹部核心肌群（腹外斜肌、内斜肌、腹横肌和腹直肌）、脊柱伸肌（竖脊肌和多裂肌）和抓举哑铃的前臂肌肉。

3. 足球训练的影响

虽然足球赛场的面积很大（一般有 110 码 × 70 码 [约 100 米 × 64 米]），但是攻守双方在赛场上总是处于胶着状态。虽然在对抗中垂直抬臂会被裁判吹口哨，但是调整手臂与地面的角度和保持等长收缩可以更好地抵抗对手抢夺控球权。虽然足球运动的重点在于下肢，但是手臂在夺取或保持控球权方面发挥着重要作用。

（七）站姿下拉

1. 步骤

（1）面向滑轮拉力器站立。打开双手与肩膀同宽，举手过肩紧握杆。

（2）向下拉杆，前臂完全伸展时，保持手肘贴近身体。

（3）以完全伸展姿势握住杆，稍作停留，再慢慢将杆回到起始位置。

2. 锻炼的肌肉

主要肌群：肱三头肌。

辅助肌群：腹部核心肌群、脊椎伸肌和抓住杆的前臂肌肉。

3. 足球训练的影响

美式足球等一些运动比较大众化，而篮球和排球等运动则比较侧重身高。足球是一项大众化的运动，对参加和喜欢足球的人们没有任何特定的身体要求。一般足球运动员的身高和体重接近于同龄和同性别人的平均值。很少看到身体（特别是上身）高度发达的球员。但是，忽视上身力量意味着在身体碰撞中将自身置于不利位置。

（八）站姿杠铃弯举

1. 步骤

（1）双脚分开与肩同宽，站立在杠铃前面。

（2）双手手掌内旋（手掌向上）抓住杆。

（3）前臂弯曲，朝肩膀方向举杆。以关节完全活动范围举杆。稍作停留，接着慢慢将杆放下回到起始位置。

2. 锻炼的肌肉

主要肌群：肱二头肌、肱肌和肱桡肌。

辅助肌群：腕部屈肌（桡侧腕屈肌、尺侧腕屈肌和掌长肌）、躯干稳定肌（腹部核心肌群和竖脊肌）、肩膀稳定肌（三角肌、棘上肌、棘下肌、肩胛下肌、小圆肌、背阔肌和胸大肌）和肩胛稳定肌（前锯肌、菱角大肌、小肌和中肌和斜方肌）。

3. 足球训练的影响

在球场上自由踢球时，手臂主要是在比赛规则之内用于挡住对手接近球或在与对手一起跑动时抢占优势。这些动作一般不需要弯曲前臂。但是，只是关注针对比赛的力量训练而忽视对抗力训练是很不明智的。这样会导致肌肉不平衡，不适合于优化肌肉和关节功能。

二、胸部

足球运动员或许会因很多原因对参加力量训练迟疑不定和缺乏了解，传统原因，担心过于健硕的肌肉会影响赛场发挥，等等。还有一个理由仅仅是因为没有运动器械。本书的目的之一便是为大家介绍既可以在健身房中也适合于在场地上进行的训练方案。不想做力量训练的运动员或许将注意力都放在了腿部，这不利于人体的平衡，增加了受伤的风险。运动员和教练员们必须要了解的是，力量训练目的在于锻炼全身，而不仅仅是腿部。人体的所有部位，包括胸部，都必须得到锻炼。

仰卧推举是许多运动员想要强化胸部力量时最先想到的训练项目。虽然胸大肌是胸部最大最明显的肌肉，其他肌肉也对肩胛带和上肢运动产生作用。

(一) 胸部的骨骼、韧带及关节

人体躯干共有 10 对肋骨，后与脊柱相连，前与胸骨相接，其中有两对肋骨只与脊柱相连，而不与胸骨相连。1 号、11 号和 12 号肋骨与对应的脊骨相连，2 号至 10 号肋骨位于两块脊骨之间。每块肋骨末端大致与乳头位置竖直对齐，并通过肋软骨 (拉丁文中 "costa" 意为 "软骨") 与胸骨相连，形成软骨性关节，活动性很弱。1 号至 7 号肋骨被称为真肋，因其每一根都通过肋软骨直接与胸骨相连接。8 号至 10 号肋骨叫作假肋，因其软骨先与上一肋的软骨相连，然后才与胸骨相接。11 号和 12 号这两根小肋骨被称为浮肋，因为它们未与胸骨相连。在一对肋骨之间有一对小块肌肉，叫作肋间肌，起到辅助呼吸的作用。胸腔底部由隔膜构成。肋骨的运动对胸腔的呼气和吸气起作用，形成的胸腔可以保护心脏、肺、主要血管、神经以及从肺部导出和导入空气的气管。胸部最常见的损伤便是由于某种弹道冲击造成的肋骨骨折，通常中间肋最易受损。

胸骨由三块骨骼相接生长而成。如果你用一根手指沿着胸骨下滑，就会在距离末端四分之一到三分之一处感到一块水平方向上的凸起，这里便是其中一个接点。第三块骨是名为剑突的脆骨，位于胸骨的末端，其上附着有大量组织，不易被触摸到。

胸骨的重要性在于它是连接上肢的唯一一块中轴骨骼。从锁骨到胸骨的韧带和软骨使胸锁关节强韧。一根韧带连接两块锁骨，锁骨与第一块肋骨之间又由许多韧带连接。这些组织共同作用，确保关节的统一协调性。尽管有这些组织将其固化，关节也还是会有活动，因此这个关节具有很多活动关节的典型特征。此关节很少受伤。通常情况下，锁骨骨折会先于关节脱白。但还是会有受伤的可能性。这让人想起牛圈骑手从高处跌落，车轮悬到空中，向外伸展的胳膊被压在地的场景。

肩胛骨与锁骨相连接。尽管肩胛骨横跨过肋骨的弯曲部分，但是肩胛骨和肋骨之间并没有骨连接。但是从胸骨和肋骨发出的肌肉也嵌入到肩胛骨上，并对支配肩胛骨运动产生作用。

(二) 胸部肌肉

对于大多数人来说，胸部肌肉即等同于胸大肌 (拉丁语 "petus" 意为 "胸部")。胸大肌是胸部最大但并不是唯一的肌肉。由于胸大肌起始于胸骨、2 号到 6 号肋软骨 (胸骨上端或胸肌下端) 及锁骨 (锁骨上端或胸肌上端) 之间较宽的范围，通常被认为有两个完全不同的起始端。胸大肌靠近肩膀的一端止于上肱骨的胸侧。记住，肌肉收缩是将止点拉向起点。由于止于一块高度灵活的骨骼，所以胸大肌在肱上膊上产生许多主要动作和次要动作。胸大肌的主要功能包括水平内收 (胳膊与地面水平，在胸前交叉)、肩部内收、肱上膊内旋以及肩部伸展。将一只手置于胸大肌上，做上述任意动作，你会感受到胸大肌的收缩。通过肱上膊与肩胛骨凹陷处的连结，胸大肌也辅助部分肩胛骨的运动。完全处于胸大肌包围之下的是胸小肌。(在解剖学中，如果有"大"的话就一定有对应的"小") 胸小肌起始于 3 号到 5 号肋骨的外表面，与肱二头肌的短头一起，附着到肩胛骨上，使肩胛骨能够外展 (沿着肋骨弯曲移动肩胛骨，远离中轴线)、下压，并且帮助肩关节窝下旋。

胸部最后一块重要肌肉是前锯肌，因其锯齿状的外形而得名 (想象一下切肉排刀的锯齿形边)。前锯肌起始于第 8 号或第 9 号肋骨的侧表面，沿着肋骨向上嵌入到肩胛骨与脊柱相连的下半端。前锯肌起到主要作用是外展肩胛骨 (向远离脊柱方向移动)，但是它同时帮助肩胛骨关节窝上旋 (像回答问题一样举起胳膊)。前锯肌因起始于肋骨，可以被认为是一块胸肌；又因其嵌入到肩胛骨上，故也可以被认为是一块肩胛肌。

上背部和肩部的所有肌肉都依靠这三块肌肉得以平衡，这意味着几乎所有牵动肱上膊和肩胛骨的练习都有这些肌肉的参与，但是拮抗肌的锻炼则需要有针对的单独训练。虽然在足球运动中手臂和肩部的动作意味着扩展人体所占空间，使对手更不容易得球，但是训练胸部拮抗肌以保持神经肌肉的平衡是很明智的选择。

（三）足球俯卧撑

1. 步骤

（1）成俯卧撑开始姿势，双手分开略宽于肩膀。双脚并拢，以脚趾撑地。

（2）慢慢将一只手移动到足球上。

（3）做俯卧撑运动。

（4）单手放于足球上做俯卧撑，数次之后，交换手继续。将足球置于另一只手下，做俯卧撑运动。

2. 锻炼的肌肉

主要肌群：胸大肌、肱三头肌和前三角肌。

辅助肌群：前锯肌、保持适当姿势涉及的腹部核心肌群（外斜肌、内斜肌、腹横肌和腹直肌）和脊椎伸肌（竖脊肌和多裂肌）。

3. 足球训练的影响

现代比赛中身体接触远远超过以前年代。对于现代运动员来说，速度和体能意味着眨眼之间逼抢对方前锋，意味着身体的接触。角球时拥挤禁区内的碰撞次数或许会让绝大多数观众感到惊讶。直觉上，更为强壮的选手会在身体碰撞中占优势。虽然许多必要力量都从腿部发力，但是动作会像链条一样带动全身其他部位产生运动。在这项训练中，添加了足球之后的高度，较之双手撑地时，使身体降得更低。此外，也需要进行一些反应平衡，因为球会移动。

（四）抗力球俯卧撑

1. 步骤

（1）面部朝下躺在健身球上。身体前倾，双手支撑于地面。

（2）双手撑地向前挪动，将球调整至躯干、大腿或者脚的正下方。球距离双手越远，这项训练的难度便越大。

（3）双手撑地，以俯卧撑中向上撑起动作起始，之后按照通常俯卧撑做法进行训练。

2. 锻炼的肌肉

主要肌群：胸大肌（尤其锁骨处）、肱三头肌和前三角肌。

辅助肌群：前锯肌、保持适当姿势涉及的腹部核心肌群和脊椎伸肌。

3. 足球训练的影响

力量与体能教练有一套器材方案，确保几乎每块肌肉的每一部分都能得到锻炼。标准方法是向对抗阻力的方向扭动身体。这种情况下，运动员会以不同的方式倾斜身体。抬高腿部会有效改变胸大肌的受力方式。在俯卧撑运动中，差不多三分之二到四分之三的肌肉会得到锻炼。抬高腿部会让胸大肌上端未被锻炼到的部分也得到锻炼。

（五）仰卧推举

1. 步骤

（1）仰卧在举重床上，使躯干从臀部到肩部都得到支撑，并且双脚平放于地面。杠铃放于与乳峰水平的支架上。

（2）正手抓握抓杆，双臂分开与肩同宽。

（3）双臂上举伸直，但是不要锁住肘关节，将抓杆从支架上举起，并稳定重心。此时背部或许会有一些弓起。

（4）将杠铃放低到胸部，停留片刻，然后再次伸臂托举杠铃。保持双臂平稳地支撑杠铃，但是不要锁住肘关节。放低杠铃时吸气，托举杠铃时呼气(将杠铃吹上去)。

2. 锻炼的肌肉

主要肌群：胸大肌、肱三头肌和前三角肌。

辅助肌群：前锯肌和喙肱肌。

3. 足球训练的影响

在拥挤的禁区内，要占领一个属于自己的地盘，更重要的是将对手推离自己以获取更大的活动空间，而非将对手拉向自己。像俯卧撑和仰卧推举这种类型的训练对此十分有益。本质上讲，仰卧推举是倒着进行的俯卧撑，所锻炼的肌肉也大部分相同。两项训练最大的不同是，仰卧推举由于添加了杠铃的重量，所以施加在杠铃床上的压力更大。这种类型的增强对于增加俯卧撑的阻力来说并不是增加了杠铃重量那么简单的。

（六）哑铃屈臂上举

1. 步骤

（1）仰卧在举重床上，使躯干从臀部到肩部都得到支撑，并且双脚平放于地面。

（2）两只手抓握在哑铃中间位置。双臂伸直，与地面垂直。

（3）将哑铃向头部方向下降，再向下至微屈双肘。

（4）短暂停留，反向移动，返回起始位置。

2. 锻炼的肌肉

主要肌群：背阔肌、胸大肌、肱三头肌和大圆肌。

辅助肌群：肩胛稳定肌群（大菱形肌、小菱形肌、斜方肌和前锯肌）和抓握杠铃的前臂肌群（大部分手腕及手指的屈肌，包括桡侧腕屈肌、尺侧腕屈肌、掌长肌、指浅屈肌、指深屈肌以及拇长屈肌）。

3. 足球训练的影响

这些年来，足球运动员变得越来越高大强健。运动员这种身材上的改变也影响了这项运动的方方面面。例如，现代守门员可以一脚将球踢给对方守门员，职业男球员将球踢出 70 码（约 64 米）远很常见。另外一方面的改变就是掷边线球。早先的时候，防守球员会竭尽全力将球挡出边线（球场边线）而不造成角球，因为掷边线球到球门是很不寻常的，但是角球就危险得多。如今，大多数球队都有一到两名掷边线球的能手，专门负责在靠近底线开球。这些掷边线球专员们在掷球时更像是在踢角球，是球队的一大进攻性武器。哑铃屈臂上举这项运动与掷边线球相似，这项练习使你能够胜任一个球队的掷边线球专员。现在可怜的防守球员不知道该将球传往何处（但是大多数时候还是更偏向选择边线球而不是角球）。

（七）对向滑轮扩胸

1. 步骤

（1）这项训练通常需要专门的器械完成专门的拉伸动作。保持站姿，背对器械，双脚虚立，身体略前倾。

（2）向后过肩上举，正手抓握缆绳把手。双臂向后伸展，微微屈肘。做这个动作时想象自己是一只展翅飞翔的鸟。

（3）吸气，双臂同时向内用力，直到双手相碰。双手相碰时呼气。运动时尽量不要改变屈肘的角度。

（4）慢慢将双臂还原到起始位置。在上举时保持对身体的控制，因为很容易被重力牵引。

2. 锻炼的肌肉

主要肌群：胸大肌和胸小肌。

辅助肌群：抓握把手的前臂肌群和肩胛平衡肌群（前锯肌、大菱形肌、小菱形肌和中斜方肌）。

3. 足球训练的影响

有人提出足球运动员可以用力量训练做足球专业训练的补充。这样说来，运动员进行一些锻炼肩部和臂部大部分肌肉的复合训练就可以了。但是肌肉参与了一些动作的完成并不意味着这些肌肉就得到了锻炼。例如，通常情况下仰卧推举并不能锻炼到胸大肌上部的重要部位。因此，一个完善的补充力量训练方案应该包含不同的练习，以便对尽可能多的肌纤维产生影响。对向滑轮扩胸运动是强健大部分胸大肌的绝好选择，也是激发胸小肌力量的不二之选。胸小肌位于胸大肌之下，嵌入到三角肌起始区域下面的肩胛骨上。胸小肌在运动时稳定肩胛骨。稳固的肩胛骨对于提升肩部功能意义重大，同时，也在跌落着地时对肩部起到保护作用。推举运动围绕肋骨的曲面活动肩胛骨，是胸小肌专门控制的动作。

（八）蝴蝶式扩胸

1. 步骤

（1）适当调整座位，使上臂大致与地面平行。

（2）张开双臂，并屈肘。

（3）将双肘和前臂置于平板上，正手抓握把手。不需要将把手抓握得太紧。

（4）将双臂向内靠拢，停住动作片刻，然后将双臂还原到初始位置。

2. 锻炼的肌肉

主要肌群：胸大肌、喙肱肌和前三角肌。

辅助肌群：肩胛稳定肌群、旋转肌群（肩胛下肌、冈上肌、冈下肌和小圆肌）和肱二头肌。

3. 足球训练的影响

这项训练是锻炼胸部主要肌肉的又一选择。许多运动员误以为辅助练习应该专门针对足球运动，用某些形式的阻力来模拟运动动作。你可以想象这些训练应用到足球运动中的各种情形，但是推举可能并不是其中之一。这不能成为不锻炼胸部肌肉的理由。进行辅助力量训练，你是在尽力强化全身体能，并不仅仅是运动中的某一个动作。针对肩部和背部的练习，将有益于站位和控球，需要针对主要胸部肌肉的辅助训练来平衡。拮抗肌间的力量不均衡是导致关节损伤（包括肩部损伤）的一项风险因素。

三、腹部

有关足球训练的许多事情，在很多层面上，还是经验丰富的老家伙说得对。现在看上去比较著名的练习，可能早在几十年前的训练书籍中已经出现过。尽管这些教练们执教于 20 世纪 50 年代或 60 年代但是这并不意味着他们不了解这项运动。比如有关补充身体流失的水分，或者为适应比赛的耐力跑等，但是我们也重新审视他们对个体足球训练的看法，并将其作为指导方法，以度过那些不可避免的周期。前一代或前两代的教练会要求球员做仰卧起坐来增强腹部，以承受激烈的碰撞。如今，当被问及身体的核心在哪里的时候，包括运动员在内的大多数人都会指向其腹部，还可能会说六块腹肌。在现实中，身体核心远远不止腹部肌肉。身体核心指的是人体的中间部分，从臀部到肩膀。所有动作都围绕这个中心而发生。

强大的核心为四肢的运动提供一个平台。为了使上肢和下肢围绕躯干协调运动，包括腹部肌肉在内的核心肌肉需要使臀部、脊柱和躯干保持稳定。如果运动时躯干并不稳定，它就会被四肢带动，做一些意想不到的运动。为了证明这一点，单腿站立，闭上眼睛，当躯干偏移支撑的那条腿时，注意抬起的那条腿以及手臂会发生什么。在忙乱和失控的比赛情形下，这样的反应可能会导致负面影响，如身体受伤。事实上，高速视频显示经历过非接触膝盖受伤的球员，躯干会在受伤前稍微晃动，然后他的反应与预期有点不同，最后膝盖就受伤了。这就是为什么身体核心训练几乎出现在每一个预防膝关节伤害的训练项目中。

随着时间的推移，身体核心训练已经不再是一个辅助性训练（"几个仰卧起坐而已"），而变成训练计划中一个关键，有些人可能会说是最重要的因素。由于成千上万的书籍、练习方法以及网站都有专门训练身体核心的内容，从中选择适当的训练方法是非常困难的。

位于胸廓和骨盆之间的下腹部，就像一个圆柱体。在其旁边的是腹肌、脊柱肌肉和腰背筋膜。上面的隔膜和下面的盆底肌位于这个圆柱体的上下部附近。

（一）腹部肌肉

腹部与众不同的是，其肌肉附着的骨架结构是从身体的其他区域借来的。从上文可知，一些腹部肌肉起始于肋骨，而其下方其他的肌肉起始于骨盆。在后面，还有一些肌肉起始于脊柱和下背的一层非常强韧的肌腱组织（称为腰背肌筋膜，有时也称为胸腰筋膜）。由于下部腹肌的骨嵌入位置有限，围绕前面包裹的肌肉部分附着于一个称为腹白线的肌腱之上，这块肌腱从胸骨一直延伸到骨盆。这就给予某些肌肉一个附着点。腹部很少有传统的关节或韧带。

腹部最明显的肌肉是腹横肌、腹外斜肌和腹内斜肌。它们的排列和功能都非常复杂。这三块肌肉都呈平板状，一个压在另一个的上面。它们是根据其纤维的走向和在该层中的位置而命名的。第四块肌肉是腹直肌，嵌入中线肌腱内，即所谓的腹直肌鞘内。

成对的腹直肌并行排列，与中线相邻，位于腹部的最下端部分，胸骨和耻骨之间。腹直肌起始于两个耻骨连接的部分（耻骨联合）。其纤维向上延伸到胸骨的端部（剑突），以及第五至第七根肋骨附近的表面。此肌肉与众不同的是，其肌肉内部有肌腱。在大多数情况下，肌腱连接肌肉和骨头，但腹直肌具有三个肌腱，将肌肉分割成不同部分。如果这块肌肉训练有素，而且皮下脂肪层较薄，会使腹部拥有备受追捧的六块腹肌，以及非常坚实的腹部肌肉。

顾名思义，腹外斜肌是包裹下腹部的腹肌的最外层。它的纤维沿着对角方向延伸，横向起始于底下8根肋骨的外表面，其纤维沿着斜线朝骨盆方向向下延伸，嵌入到髂嵴（身体两边的侧骨脊）、腹直肌鞘和腹白线之上。

腹内斜肌就位于腹外斜肌之下，而且它们的纤维相互垂直延伸。腹内斜肌起始于腰部以及与骨盆相邻的髂嵴的腰背筋膜。它的纤维沿着斜线向上延伸，穿过第9至第2根肋骨的外表面，到达腹直肌鞘和腹白线。

最深的腹肌是腹横肌。这种肌肉的起始区域比较广，起始于底下6根肋骨的外侧表面、腰背筋膜和髂嵴。它的肌肉纤维沿着水平方向延伸，嵌入到腹白线和腹直肌鞘。不要错误地认为它叫横腹内斜肌。该肌肉纤维是水平的，而不是斜着走向，所以如果在它的名字中加入斜字，会与前面的横字相矛盾。

通过较长的、扁平的肌腱，这三块肌肉被连接到腹白线上，因为实际的肌肉组织横向嵌入到中线附近。本身就在肚脐两侧的肌肉只有一种，即一对腹直肌。

很多人认为，腹肌共同参与躯干屈曲和转体。但考虑到肌肉纤维的走向时，在转体运动中，腹直肌几乎不能参与，正如腹横肌很难参与躯干弯曲一样。

既然我们了解了肌肉纤维走向、起止点以及把止点拉向起点的肌肉收缩规则，那么腹肌的行为就可以预测，无论它们有多复杂。此外，记住这些肌肉可以与它们对侧的搭档共同工作，或单独行动。让我们先来看看腹外斜肌。当两个腹外斜肌的肌肉收缩时，它们使躯干弯曲。当右侧的肌肉收缩时，躯干侧向弯曲到右侧。另外，当右侧的肌肉收缩时，躯干还可以向左侧转动。

腹内斜肌与之相似，但有一个主要区别。它收缩两边的肌肉以使躯干弯曲。收缩右侧的肌肉，躯干会侧向弯曲至右侧。所不同的是旋转。收缩右侧的肌肉时，躯干向右侧转动。

腹横肌有单独的不同于其他肌肉的作用。收缩时，它增加腹部内压，给腹部器官提供支持。

最后的腹肌是腹直肌，它能使躯干弯曲，也有助于身体侧屈和转体。

总的来说，这四块腹肌互相配合，和长棘肌一起，为许多健身专家所谓的腰—骨盆—髋关节的复杂体，提供了支持和稳定。

腹部肌肉也发挥着其他作用。它们有助于脊柱的完整性。事实上，椎间盘不好导致的腰痛，通常是由腹肌薄弱造成的。在呼气过程中，该腹肌也能起到帮助作用。当它们收缩时，挤在下面器官之上，这推高了横隔膜，增加了胸内压，有助于肺部排出空气。另外，对于清理上一次下消化道流感所积累的大便而言，大多数人都很欣赏腹肌的贡献。

那些想要进一步研究腹部练习和身体核心健身的人会发现，许多练习都旨在激活身体核心中的一些具体区域，如上腹部、中腹部或下腹部。这种针对性练习会确保每一块肌肉的每一个方面都被激活。面对如此繁多的训练方案选择，以及为了赢得比赛实施太多的训练项目，而不惜花费昂贵的技术战术训练成本，这很容易使双方都不堪重负。除了常规的团队训练，鼓励运动员抽出时间进行身体核心的训练，并在热身练习中，保留一些锻炼核心肌群的练习。

（二）反向卷腹

1. 步骤

（1）仰面躺在地面上，并向两侧展开双臂，以保持平衡。保持头部、颈部和肩部在地面上。

（2）弯曲臀部和膝盖，并抬起膝盖，直到它们在臀部的上方。

（3）通过将膝盖向内拉向头部进行腹部训练。慢慢地进行这个练习。主要的动作是将膝盖拉向头部，而不要向膝盖方向移动肩膀或头部。

（4）在膝盖最接近头部的位置暂停，然后返回到起始位置。

2. 锻炼的肌肉

主要肌群：腹直肌、腹外斜肌和腹内斜肌。

辅助肌群：胸锁乳突肌、前锯肌、大菱形肌、小菱形肌、下斜方肌、腰大肌和腰小肌。

3. 足球训练的影响

强大的身体核心在运动中是如此重要，它不仅能保持正确的姿势和维持一般的健康状态，提高运动技能与发挥水平，还能预防受伤。强大的核心使四肢的运动更加稳固，并且减少多余的动作，这些动作经常在技术很差的球员中出现。足球运动所需的技能涉及绕轴转体，因此为了使动作完成的效率提高，强大的身体核心是基础。强大的身体核心也是影响姿势的一个因素。当骨架正确对齐时，肌肉的效率最高。一个懒散的姿势会增加运动量。当你在做一个动作时，身体不必使用一些不必要的肌肉，那么你的运动技能就提高了。众所周知，在防止受伤方面，身体核心的作用超过了肌肉。一些腿部受伤，特别是膝盖的韧带受伤，是由于一个薄弱的身体核心。它稍微的移动会导致膝盖的损伤。

（三）足球卷腹

1. 步骤

（1）仰面躺下，双臂向两侧伸展，屈膝，直到大腿垂直于地面。双膝之间挤着一个足球。

（2）抬起骨盆，使其离开地面，将双膝拉向胸前，试图让小腿与地面垂直。

（3）慢慢让臀部和腿部回到起始位置。

2. 锻炼的肌肉

主要肌群：腹直肌。

辅助肌群：腹外斜肌、腹内斜肌、腹横肌、股四头肌（股内侧肌、股外侧肌、股中间肌和股直肌）、臀部屈肌（腰大肌、腰小肌和髂肌）和收肌（大收肌、长收肌、短收肌、耻骨肌和股薄肌）。

3. 足球训练的影响

身体核心训练已经不再是业余训练，而成为一个重点培训项目。除了腹肌之外，身体核心还包括每一块穿过身体中心的肌肉——它们携手合作，在所有的运动项目中，使几乎每一个动作加速或者减速。下肢产生的力量，会随着动力链的向上转移而减少，提升核心肌肉能帮助转移力量至四肢，以提高踢球水平。因为足球运动在速度、方向或二者兼而有之等方面，有很多突然的变化，而薄弱的身体核心意味着躯干和上肢在对各种突发情况做出反应时，以不受控制的方式移动，使下肢处于一个危险的境地，因而导致身体受伤。据统计，在前交叉韧带受到损伤之前，都会有躯干部分奇怪的移动。

（四）单车卷腹

1. 步骤

（1）仰面躺下，双手放在头后面，手指不要碰到一起。肩膀应贴在地面上。

（2）抬起一条腿，屈膝，使大腿与躯干大约呈90度角。抬起另一条腿，与躯干大约成45度角。

（3）双腿交替来回运动，就好像在骑自行车。

2. 锻炼的肌肉

主要肌群：腹直肌。

辅助肌群：臀部屈肌、股四头肌、收肌、腹外斜肌和腹内斜肌。

3. 足球训练的影响

许多身体核心的训练都通过一个缓慢的、可控的方式进行。做这个练习时，可慢也可快，这取决于你的目标。当快速做这项练习时，身体核心承受较高速度的肢体运动，这种情形与比赛相似。因此，许多专家建议快速地做身体核心练习。增加运动的速度使运动的功能更强大，也使运动变得更加富有动力，这将有助于你的身体核心做好准备，应对每4至6秒就会发生的爆发性和回应性的平衡状况。做本书中提供的这些练习时，你会产生强大的力量，而健壮的身体核心将帮助你把这些力量转移至赛场上。

（五）垂直腿卷腹

1. 步骤

（1）躺在地上，双手放在地上，位于身体两边。

（2）弯曲髋关节，使双腿与地面垂直。你也可以交叉双脚。

（3）缓慢进行卷腹。尝试将胸骨拉向大腿，但不要弯曲颈部。

（4）返回到起始位置，重复动作。

2. 锻炼的肌肉

主要肌群：腹直肌。

辅助肌群：腹外斜肌、腹内斜肌、髋关节屈肌和股四头肌。

3. 足球训练的影响

人们做了大量的工作，以决定在具体的练习中，哪些部分的腹肌最经常被使用到。总的来说，常规的卷腹运动主要锻炼上腹部。而当你躺下来，弯曲髋关节以抬起双腿时，训练重点就向下腹部转移了。因此，交替做这两种类型的卷腹可以锻炼更多的腹肌。在做这个练习时，要重点关注力量的转移。踢球时，动能的积累始于起跳脚撞击地面。产生的力量沿着这条腿向上转移，穿过腹部和臀部，然后向下转移至踢球的那条腿。如果身体核心未能完全控制躯干，你可能会失去其中很多的力量，在躯干无谓地转动或其他动作上白白浪费气力。让所有的腹肌与整个身体的核心相连，可以固定躯干，使动能从动力链上的一个环节转移至下一个环节。虽然这是一个腹部练习，你也可能会遇到一些髋关节的屈曲。尽量保持颈部中立，不要让下巴碰到胸部。要想获得更多的阻力，在展开的双臂中，你还可以拿着一个小型的健身实心球，卷腹时，让球靠近或超过双脚。

（六）单侧推腿卷腹

1. 步骤

（1）仰卧，膝关节弯曲，脚底平放在地面上。

（2）抬起右腿，使膝关节和髋关节都成90度角。

（3）将右手放在大腿上靠近膝盖的下方。

（4）通过腹部肌肉进一步弯曲躯干，而同时用手反抗这个动作。

（5）切换到左腿，重复以上动作。

2. 锻炼的肌肉

主要肌群：腹直肌、腰大肌、腰小肌和髂肌。

辅助肌群：股直肌、收肌、腹外斜肌和腹内斜肌。

3. 足球训练的影响

虽然这被列为腹部练习，但它也是运动场上锻炼髋关节屈曲的一个力量训练。髋关节屈肌的拉伤在足球运动中变得越来越常见，就像腘绳肌拉伤一样，是由于现代比赛的速度增加所造成的。当一个被拉长的肌肉强烈收缩时，拉伤就会发生。在短跑中，在后腿离开地面之前，髋屈肌就已经被拉伸。一旦那只脚离开地面，髋关节就极度弯曲。拉伸和收缩的力量结合可能会撕裂肌肉。在猛力踢球，比如射门时，也会发生这种情况。大约有六块肌肉作为髋部屈肌被连接到一起，其中大约一半是经典的腹股沟肌肉（内收肌），协助髋关节屈曲。在髋部屈曲动作中，其他的肌肉，股直肌（股四头肌之一）、髂腰肌和缝匠肌，都起到主要作用。这次练习旨在提高这些主要的髋部屈肌的力量。然而，这不是预防髋部屈肌拉伤的唯一方法。在每个训练阶段，都应该做步行深蹲，以预防这种倒霉的伤病。

（七）健身球躯干提举

1. 步骤

（1）仰面靠在一个大的健身球上，保持球在下背部的底下。脚要平放在地面上，并伸开到一个舒适的距离，这将有助于保持身体的稳定。大腿应与地面平行，并且膝盖应该呈90度弯曲。两手手指轻触，放于头后面。

（2）通过腹肌力量，慢慢抬起肩膀，尽可能地使其远离健身球。尽量保持颈部伸直，以避免下巴抵着胸前。

（3）在动作的最上方停留一会儿，然后慢慢回到起始位置。

2. 锻炼的肌肉

主要肌群：腹直肌。

辅助肌群：腹外斜肌、腹内斜肌、前锯肌和胸锁乳突肌。

3. 足球训练的影响

许多年前，身体核心的训练重点可能仅限于一些仰卧起坐，或者一些直腿提举。然而今天，身体核心的训练已经不再是一个附属练习，而变成了训练的重点。为什么身体核心如此重要？许多健身专家认为，几乎所有的运动都从身体核心开始延伸，当然也都需要经过它。因此，对于一个薄弱的身体核心来说，很难通过协调身体上下部分来实现高效的动作。薄弱的身体核心所导致的低效运动会增加受伤的风险，并可能导致髋关节的不稳定，而这必将会带来身体其他部位的不稳定。这种不稳定性会改变正常的运动模式，从而导致损伤，膝盖作为薄弱环节，必将首当其冲。因此，如果身体核心足够的强壮，足球运动中的几乎每一个动作——奔跑、切球、断球、着陆、踢球以及顶球——都能够高效地完成。

（八）V 坐姿传球

1. 步骤

（1）双臂及双腿伸展，平躺于地上。双脚脚踝之间夹紧一个足球。

（2）保持腿部伸直，抬起球至头部上方，直到球位于双手上方时，松开球，用手接住。这是第一次重复。

（3）放下脚到起始位置，球握在手中。

（4）为了从手里取回球，重复上述运动。这是第二次重复。起初，可能做不到在整个练习中都保持双腿伸直。随着力量的提升，尽可能地伸直双腿，并且尽可能在整个练习中都保持双腿伸直。

2. 锻炼的肌肉

主要肌群：腹直肌。

辅助肌群：腹外斜肌、腹内斜肌、内收肌、髋关节屈肌、股四头肌和前锯肌。

3. 足球训练的影响

在足球运动中，这个练习有着悠久的历史，在许多旧的训练书籍中都有描述。早在 20 世纪 70 年代，百事公司与球王贝利携手制作电影，讲述了许多他的训练方法。其中一个电影描述了一个健身循环训练，它有许多的姿势，被视为早期的身体核心训练。这些练习方法包括基本的仰卧起坐，以及我们最终叫作卷腹的练习。这些电影还讲述了贝利躺在地面上，他的搭档抱住其脚踝，位于齐腰的位置，做一种类似斜板仰卧起坐的练习。这吸引了大家的关注，只见贝利躺在地上，头部位于搭档的双脚之间，并握着搭档的脚踝。贝利抬起双脚，搭档握住他的脚踝，然后猛地把贝利的脚推向地面。然而贝利从来没有让他的脚触到地面。观众通常会对此唏嘘不已。虽然大多数人宁愿做那些对下背部较少压力的练习，但是人们不得不感叹，是贝利的训练造就了他的能力和比赛的耐力。正如过去的教练一样，大多数的力量和体能教练更喜欢选择多种核心练习，而不是只关注少数的几个。因为少数几个练习的频繁重复会给肌肉组织带来过度的压力。这可能导致肌肉过度劳损。在做身体核心练习时，可以使用一只球，比如对于这个练习而言，保持球员专注于球会带来许多益处。

（九）健身球屈体

1. 步骤

（1）做一个向上抬起的俯卧撑姿势，将小腿放于一个大的健身球的顶端。

（2）弯曲身体，抬起臀部，同时尽可能地向前滚动抗力球，使小腿触球变为脚尖触球。在整个训练中，确保后背和腿部保持笔直。

（3）回到起始位置。

2. 锻炼的肌肉

主要肌群：腹直肌。

辅助肌群：腹外斜肌、腹内斜肌、前锯肌、髋关节屈肌、肱三头肌和股四头肌。

3. 足球训练的影响

强大的核心之所以重要是有很多原因的。由于胳膊和腿从躯干开始伸展，仅从逻辑上看，身体的核心为四肢的有效运动提供可以依附的基础。此外，全身运动所需的力量是从腿部产生的，需要穿过身体核心，转移到手臂，以发挥最优的水平（例如，当一大群球员为了得到一个球门发球或角球而不断移动时，你可以使用手臂，使得身体范围更宽）。当力量通过一个较弱的身体核心时，一些产生的力量会损失掉，而做一些无用的动作，这意味着仅有更少的力量用于做目标动作。身体核心连接身体上下部分。核心越强壮，损失的力量就越少，就会有更多的力量在身体之间被转移，以做出最高效的动作。

（十）拉力器卷腹

1. 步骤

（1）面向拉力器跪下。

（2）使用正手抓握，将绳索的附着物向下朝着肩膀方向拉动，并稍微弯曲臀部。（你的拉力器可能会有一个长的或短的杆状把手，或者有一个绳状的附着物）

（3）吸气然后呼气，同时通过将胸骨向耻骨卷起进行卷腹。胳膊肘应该向大腿中间移动。

（4）缓慢回到起始位置。

2. 锻炼的肌肉

主要肌群：腹直肌、腹外斜肌和腹内斜肌。

辅助肌群：为抓住绳子的前臂肌群（主要是手腕和手指屈肌，包括桡侧腕屈肌、尺侧腕屈肌、掌长肌、指浅屈肌、指深屈肌以及拇长屈肌）、背阔肌、股直肌、腰大肌和腰小肌。

3. 足球训练的影响

大多数的卷腹运动都在地板上进行。这个传统卷腹动作的变化动作以跪姿进行，为了使动作正确还需要一定的练习。这个练习的好处是，可以通过增加重量来增加阻力，而不必考虑怎么握住重物。正如所有的核心练习一样，通过将肚脐拉向脊柱来收缩核心。在卷腹练习中，还可以通过增加少许的转体来锻炼腹外斜肌和腹内斜肌。不要快速地做这个练习，而且不要使用太大的重量。请记住，这是一个腹部练习，不是髋关节练习，请用腹肌来完成动作。

（十一）悬挂屈髋

1. 步骤

（1）正手抓住一个固定的单杠。

（2）屈曲髋关节和膝关节，直到大腿与地面平行，或者比地面更高。

（3）停顿一会儿，然后缓慢回到起始位置。

（4）在底部停留一会儿，然后重复练习，以避免产生任何动能。这个练习关键是控制动作，而不是看你完成的速度有多快。

2. 锻炼的肌肉

主要肌群：腹直肌和髋关节屈肌。

辅助肌群：腹外斜肌、腹内斜肌和腹横肌。

3. 足球训练的影响

这个悬挂练习和其他身体核心练习一样，涉及许多肌肉。不同的做法会锻炼不同的肌肉。比如，如果只是髋关节屈曲，而腰部没有太多的弯曲，则主要锻炼的肌肉是髋关节屈肌，而腹部肌肉在稳定骨盆和腰部时，起到了主要作用。尽可能地抬起膝盖，就能锻炼腹直肌、腹外斜肌和腹内斜肌，使它们更多地参与运动。每次快结束练习时，还可以通过增加一点转体，更多地锻炼腹外斜肌和腹内斜肌。但是，你不要认为这些腹部练习会减少身体中间部分的脂肪，还没有证据证明可以减掉某一特定位置的脂肪（这一过程称为定位减肥)。

第三节　足球运动的力量训练

许多训练都是隔离训练，它们的设计目的是将动作隔离到特定的肌肉或肌肉群上。这样的训练能够非常有效地确保特定的肌肉及其动作能够在训练过程中得到充分锻炼。

不过在体育运动中各种动作几乎都不是隔离的。在比赛中，进攻性和反应性的动作涉及多个关节和多块肌肉协调工作来达到某一目的，比如从简单的开角球前弯腰把球放好到高度复杂的落脚、切球以及单点旋球。通过补充训练或者甚至所谓的功能训练来模仿体育运动中的每一个动作是不大可能的。与真正的运动本身相比，你应该花更多时间来训练每个动作。

本节中的训练粗略地探索了更加复杂的多关节活动的可能性。尽管这些训练几乎没有模仿任何特定的体育运动，但是每项训练所涉及的动作都是大部分体育运动的共同动作，包括足球运动。因为足球运动的力量主要来自于小腿及足部，所以所有这些训练都致力于改善腿部的力量，包括奔跑、切球、断球、跳跃以及保持静止和反应性平衡等动作所需的腿部力量。

在体育训练中加入复杂的补充动作非常重要。比如你计划落右脚然后向左切，但是鞋钉未能按预期插入地面或者插入太深，为了保持身体平衡，你的反应将是稍微向前跳以调整身体姿势，正是这一微调让你恢复平衡。大部分动作和反应都是由小脑和脊索神经来处理的。如果所有的补充训练动作都是简单的单关节、单肌肉群动作，身体将失去宝贵的机会，从而不能通过训练适应性来为技术性动作提供支持。这就是为什么你总会听到功能性训练这个术语。

一条简单但放之四海而皆准的法则是 10 年 10000 小时法则，它的意思是真正的精英在 10 年时间里投入 10000 个小时到他所选的领域中才最终成就他的精英地位。尽管为期数年的训练中大部分时间都是学习战术，但是大部分神经肌肉训练都是为了学习仅使用必要的肌肉细胞来展示技术的能力。想一想孩子们学习拍球的过程。他们会用到整个身体——躯干、臀部、腿部、肩部和胳膊。身体的各个部位都随着球的上下运动而动起来。随着水平的日益提高，他们懂得了拒绝不必要的肌肉细胞参与运动，最终仅使用最低限度的肌肉细胞。在专业的足球比赛中，你将会看到奔跑中的中锋给正在大步跑的队友传球。传球的队员必须估计自己的速度和接球队友的速度，决定如何传球（是否使用旋球，从空中还是地面传球，用脚什么部位踢球）以及击球力量的大小（不要太重以免超过了接球者的速度，不要太轻以免接球者跑过头了）。我敢保证所有这些决策都不是有意识地决定的。它们都是由潜意识来处理的，并且仅适用必要的肌肉细胞来让困难的传球变得简单。10 年 10000 小时法则让运动技能变成条件反射性和无意识性，这样有意识的大脑可以将精力集中在策划、预测、反应、调整以及所有其他属于战术执行功能范围的其他行为。除了选择传球对象是有意识的战术决策之外，中锋的所有其他决策都是自动的、无意识的。

一、背靠背深蹲

（一）步骤

（1）进行此项训练需要找到一位体型和身高相当的搭档。与搭档背靠背站立，双脚叉开与肩同宽。

（2）双方把肘部对勾起来，然后让彼此的背部靠紧，就像靠在墙上一样。双方的后脚跟之间应该留出 0.6 米的间距。

（3）双方同时下蹲，直到膝盖成 90 度角，然后恢复到站立位置。

（二）锻炼的肌肉

主要肌群：股四头肌（股内侧肌、股外侧肌、股中间肌和股直肌）和臀大肌。

辅助肌群：腘绳肌（股二头肌、半腱肌和半膜肌）、内收肌（长收肌、短收肌、大收肌、耻骨肌和股薄肌）、竖脊肌、腓肠肌和比目鱼肌。

（三）足球训练的影响

足球需要瞬间的爆发性动作：守门员救球时从球门的一侧跃地而起扑向另一侧，防守队员腾空跃起躲过拦截，或者前锋跳起用头顶球。所有这些动作都需要髋伸肌、膝伸肌和踝关节跖屈肌瞬间输出大量力量。要想跳得最高或最远，必须依靠强壮肌肉的协调运动。对所有运动员而言，练习这样的深蹲动作是明智的，因为它们能够强化比赛中经常用到的肌肉和动作。尽管可以单独地训练每个肌肉群，但是像深蹲这样的复合动作能够更好地模拟比赛情景。

二、背搭档深蹲

(一) 步骤

(1) 选择身高和体重一样的搭档。在选择搭档的时候要小心，因为这项训练可能会损伤膝盖。该训练不仅是锻炼上升下沉的力量，还锻炼平衡能力。让搭档爬上你的背部，就像小孩趴在大人的背上一样。

(2) 双脚舒适地叉开，让搭档处于背部的中央 (你很可能需要稍稍向前倾)，然后开始半深蹲锻炼，让膝盖向下弯曲45度角。膝盖弯度不要超过90度角。

(3) 慢慢下蹲。下蹲到最底部的时候稍微暂停一下，然后再恢复到开始的位置，并重复练习。在重复练习完成之后，与搭档调换位置。

(二) 锻炼的肌肉

主要肌群：股四头肌和臀大肌。

辅助肌群：内收肌、竖脊肌和腹部核心肌群 (腹外斜肌、腹内斜肌、腹横肌和腹直肌)。

(三) 足球训练的影响

传统的深蹲训练有许多种变体。许多体育运动的补充训练项目通常都包含有深蹲训练，其原因之一是它们能够运用多块肌肉和多个关节来完成动作以及保持平衡。深蹲训练用到的主要的肌肉群是股四头肌和臀大肌，前者锻炼膝关节的伸展能力，而后者锻炼髋关节的伸展能力。进行任何深蹲练习的最重要方面之一是姿势。正确的姿势在深蹲的过程中能够锻炼主要的腹肌和骶棘肌。增宽双脚的距离能够让内收肌得到更多的锻炼。千万不要小瞧这些肌肉，它们在比赛中身体密切接触时产生关键的力量。拥有更强壮的臀肌、背肌、腹肌和股四头肌的运动员在抢球或其他一对一挑战时将拥有明显的优势。

三、分腿深蹲

(一) 步骤

(1) 单腿站立，另一条腿往后伸，将脚踝或胫骨放在健身球的顶部。
(2) 在用后腿向后滚动球的同时，将前腿膝盖弯曲成大约90度角。
(3) 恢复到起始位置。

（二）锻炼的肌肉

主要肌群：股四头肌和臀大肌。

辅助肌群：腘绳肌、内收肌、竖脊肌、腓肠肌和比目鱼肌。

（三）足球训练的影响

弯曲前膝，然后将球向后滚一点，防止前膝位置超过脚尖。在足球运动中会反复强调膝盖的运动控制，而此项训练是测试在功能性运动中你对膝盖的控制能力的好方法。膝盖不应该往左或往右摆动，也不应该完全盖住脚部。类似于此的训练所需的力量和平衡应该能够在切球或跃起落地时发生的弹性动作和反应动作中帮助控制身体下部，甚至能够为膝盖提供额外保护。这项训练需要良好的平衡和强健的股四头肌，只要缺少其中一样，就不适宜最先选择该训练，而是应该等到两样都达标才选择。一边手提一个哑铃或者将卸下来的杠铃放在肩膀上，随着肌肉的强健而增加重量，这样能够让该项训练的难度更高。

四、低跨栏

（一）步骤

（1）在一条直线上设置一系列跨栏，每道跨栏之间间隔 1—1.5 米。

（2）走到第一道跨栏前一两步的地方，然后跳过跨栏。使用双脚起跳双脚着陆的方法。你需要将双腿缩到胸前，以便从跨栏上跳过去。

（3）接下来连续跳过后续的跨栏，尽量缩短每次跨栏期间双脚踩地的时间。要将这一系列动作想象成一系列的弹跳，而不是单独的跳跃。

（二）锻炼的肌肉

主要肌群：臀大肌、臀中肌、股四头肌、腓肠肌和比目鱼肌。

辅助肌群：髋部屈肌（股直肌、腰大肌、腰小肌、髂肌、缝匠肌）、竖脊肌、三角肌和腘绳肌。

（三）足球训练的影响

重复跳跃是各代足球运动员的共同训练任务，并且让运动员在许多方面受益。例如，每次起跳都帮助提升腿部的跳跃力量。如果有教练监督并传授落地的各种形式，每次落地都指导运动员如何安全地从跳跃中落地。此项训练的整个过程中都需要功能性和反应性平衡。了解腿的长度以及刚好跨过每道栏所需的力量能够防止运动员落地过重或耗力过多。

此项训练还涉及肌肉增强训练，因此是改善跳跃能力的最佳功能性训练之一。（肌肉增强训练在伸展肌肉之后马上收缩肌肉。这能让后续的跳跃更高。下蹲之后暂停一下再跳跃肯定比不上下蹲之后马上跳跃高。暂停削弱了下蹲动作产生的张力。）此项训练的特点是每次跨栏跳跃都是相互促进的，但是也可以通过跑敏捷梯、折返跑或之字跑来实现该目的。目前还有一些教练让运动员跳过球体，但不建议这样做，因为跌落在球上可能会导致各种的伤害。

五、蹬步

(一) 步骤

（1）站在高度在胫长和膝高之间的凳子或箱子的前面。正手抓住卸掉重量的杠铃横杠并放在肩膀上。

（2）将起踏腿踏在凳子或箱子上。继续升起直到起踏腿变直，但同时抬起后腿，让其膝盖弯曲，直到大腿与地面平行。后腿不接触凳子或箱子。

（3）向后踏步降落，后腿先落。

（4）变换大腿并重复，以不同的大腿为起踏腿。

(二) 锻炼的肌肉

主要肌群：股四头肌、臀大肌和臀中肌。

辅助肌群：竖脊肌、腘绳肌、腓肠肌、比目鱼肌和内收肌。

腿部：整体力量训练。

(三) 足球训练的影响

我们都知道写字哪只手是惯用手。但哪只是惯用腿呢？是用来最猛烈射门那条腿还是跳远时起跳那条腿？大部分人都有一条惯用腿，当两条腿都同时运动的时候，它要比非惯用腿用得多。与同时锻炼两条腿的训练相比，单腿训练有一些优势。单腿训练时每条腿都必须全力以赴，这样两条腿都得到同等的锻炼。尽管所花的时间要多一点，但避免了惯用腿分担非惯用腿的工作。单腿训练的好处不止于提升力量。两条腿都必须能够很好地控制膝部运动和全身平衡运动，这两个重要因素能够预防受伤，尤其是膝部受伤。要额外注意安全姿势和重心稳定。

六、前跨步

（一）步骤

（1）正手抓握起杠铃。站起来将杠铃放在肩膀上。

（2）向前跨出一步。要跨得足够远，当跨步动作完成之后，前腿的膝盖应该呈90度角，且其大腿与地面平行。后腿的膝盖应该快要接触地面。

（3）收步回到起始位置。用另一条腿重复同样的动作。每次跨步都要换腿。

（二）锻炼的肌肉

主要肌群：臀大肌、臀中肌和股四头肌。
辅助肌群：竖脊肌、腘绳肌、腓肠肌、比目鱼肌和内收肌。

（三）足球训练的影响

此项训练主要锻炼髋部和腹股沟的动态灵活性，而这里的跨步使用杠铃横杠在同一个地方完成。这一变化更加注重力量训练，况且一些训练专家还根据许多不同体育运动的需求创造了同心、离心和平衡项目，从而使它变得非常有价值。让背部保持挺直，且保持抬头向前看。跨步结束的时候，在脚轴方向上不要让前膝盖超越脚尖的位置或摆动。力量不足或疲劳将会影响该动作的正确完成。如果做正确跨步动作有点力不从心，则减少负重并缩短跨步的距离，或者在每次跨步之间安排更长的恢复时间来预防疲劳。

七、守门训练

（一）步骤

（1）站在一张矮凳子的面前。双手握住一个足球。

（2）起踏腿以平滑的动作踏到凳子上，继续保持上升动作直到起踏腿的膝盖完全伸展开。在将双臂向头顶完全高举的同时，尽量高抬另一条腿弯曲的膝盖。

（3）以平滑的反动作复原，并回到起始位置。

（4）换另一条腿并重复，以另一条腿为起踏腿。每次重复动作都换腿。

(二) 锻炼的肌肉

主要肌群：股四头肌、臀肌 (臀大肌、臀中肌和臀小肌)、腓肠肌、比目鱼肌、三角肌、肱三头肌和胸大肌。

辅助肌群：腘绳肌、竖脊肌、斜方肌和前锯肌。

(三) 足球训练的影响

顾名思义，这项训练对守门员有极大的帮助，但是对所有其他运动员也同样有用。想象一下要奔跑起跳接住空中的球所需的各种关键动作。场上运动员和守门员的主要区别是后者需要用胳膊和手来接球。场上运动员和守门员都必须接近球、计划最佳时间点、决定用哪条腿起跳最好，以及伸展身体并从地面跃起以在跃起的最高点接触到球，然后安全着地。此项训练的重点包括起跳和起跳前的各种动作，并且是在一项功能性任务中高效地进行各项独立的下肢训练的方法。

八、弹球跳跃

(一) 步骤

(1) 完成此项练习需要一个搭档。面对搭档，搭档手里持有一只足球。

(2) 搭档尽力往地面拍球。你双脚离地跳起，在跳跃的最高点接住球。

(3) 确保落在原位上。在接触地面的时候，不要让膝盖在脚上方前后滑动。

(4) 为了避免频繁地尽力跳高带来的疲劳，最好与搭档交替进行跳跃。

(二) 锻炼的肌肉

主要肌群：股四头肌、臀肌、腓肠肌、比目鱼肌、三角肌、肱三头肌和胸大肌。

辅助肌群：腘绳肌、竖脊肌、斜方肌和前锯肌。

(三) 足球训练的影响

弹球跳跃训练可以看作是实际上不需要离开地面的守门训练的功能性拓展。弹球跳跃训练需要精确的时间估计，因为短时间之内就要到达起跳点、起跳、在跳跃的最高点接住球，就像比赛中守门员的实际动作一样。这通常需要跳跃者进行一些移动 (因为球的弹跳很少是直上，并且需要根据球的下降过程和起跳点正确估计时间，以便能够在尽可能高的地方接到球。

本节中的许多训练在落地时都需要脚上方的膝关节弯曲，以便膝部不来回滑动。尽管所有注意力都在跳跃和接球上，但不要忘记落地。尽量要安静地落地，吸收掉撞击带来的冲力。许多运动员都喜欢此项训练中的这些挑战——弹跳、跳跃和落地。

九、仰卧器械深蹲

(一) 步骤

（1）调整器械，从而坐上去时膝盖的弯曲稍小于90度角，双脚之间的距离与肩同宽。你可能喜欢让双脚稍微向外倾斜。

（2）将双脚放置在踏板上，且不要让膝盖遮挡住脚。将背部和头部靠在靠背上，让双肩对准并压入肩垫中。抓住把柄。

（3）呼气时双脚前脚掌蹬住踏板，让靠背向后移动，直到臀部和膝盖完全伸展开。

（4）稍作暂停之后，吸气并让膝盖慢慢恢复到90度角。该动作不要像开始的动作那么快。

（5）完成最后一次重复之后，慢慢将靠背恢复到开始的位置。

(二) 锻炼的肌肉

主要肌群：股四头肌、臀大肌和臀中肌。
辅助肌群：腓肠肌、比目鱼肌、内收肌和腘绳肌。

(三) 足球训练的影响

深蹲训练的价值再怎么强调也不为过。它通过大幅度的运动来锻炼多块肌肉和多个关节，同时对姿势和平衡严格要求——训练的付出将换来力量的增加。现代的赛场和以前一样大，但运动员的个头越来越大，加之速度也越来越快，从而使得赛场显得更加拥挤了。因此运动员之间的身体接触不可避免，强壮的运动员对撞击准备得更充分，并且能够抢到或维持控球权。任何人都不希望看到某位运动员的个人卓越才能被强壮的大块头运动员扼杀，同样也不希望看到杰出的运动员因伤出场。这并不是说个子小的运动员通常更有技巧、更有看头，也不是说个子大的运动员一定身无绝技，而是他们都必须为不可避免的身体接触做好充分的准备，因为在高水平的比赛中接触更是不可避免。

十、伐木训练

(一) 步骤

(1) 站在离高滑轮拉力器不远处的一侧。举起双臂，用双手抓住训练器的绳子、带子或把柄。

(2) 开始往下拉绳子，让绳子越过身体。当双手已经过肩膀的时候，扭转躯干并收紧腹肌。在继续把绳子向对侧的膝盖方向拉的同时稍微弯曲双膝。

(3) 缓慢地、有控制地反转刚才的动作，恢复到起始位置。在完成预定的重复次数之后，转过身来在另一个方向上重复刚才的训练。

(二) 锻炼的肌肉

主要肌群：腹直肌、腹外斜肌、腹内斜肌、三角肌、背阔肌和胸大肌。
辅助肌群：股四头肌、臀肌、大圆肌和前锯肌。

(三) 足球训练的影响

这项涉及全身的训练有许多好处。该训练在一步一步的协调动作中运用到躯干肌肉、臀肌和股四头肌。它没有捷径可走，因为前一个动作是后一个动作的基础。从表面上看，胳膊和腹部是关键受力点，但是腿部也起到非常重要的作用，因为它们是各个动作之所以能够发生的根基。要注意膝盖在脚上方的姿势，不要让膝盖前后滑动。该项训练是很好的功能性训练，它涉及多块肌肉和多个动作。这样的多关节运动是非常有用的补充练习，它符合类似于足球这样的团体运动对全身素质的要求。一些训练教材没有包括躯干弯曲和深蹲，使它变成纯粹的胳膊伸展和躯干转动训练。

第四节　足球运动的全身训练

训练的重点是隔离动作以及参与该动作的肌肉群。隔离训练能够确保每块肌肉都得到完全激活，且将适应新增的要求。

下一步便是将肌肉作为整体系统的一部分来发挥功能，这类似于跑步或跳高运动员所倡导的整体大于各部分之和的理念。跑步或跳高不是在隔离状态下进行的，相反，整体的表现要比各块神经肌肉的表现之和重要。某项体育运动的表现是该项运动所需的技巧、特定身体素质 (身体上和精神上）和取胜所需的独特战术的综合反映。在这些体育运动因素中，一些是可以计划的，而另一些是对阻碍做出的反应，但是它们都随着时间的推移而演化，因为进步迫使体育运动不断地进行挑战。任何在整体系统中运用多个部分的机会都会让运动员获得进步，并且更加接近教练眼中的体育运动。这在团体比赛中尤为关键，因为最终结果受多种因素的影响——每个运动员、队员之间的相互影响、比赛的方式、阻抗的方式、裁判、环境以及观众等。

本节中所选择的训练有一条共同的主线：它们都需要多个关节、多块肌肉和多个肌肉动作来完成，没有任何隔离训练。经历过或看见过早期训练方法的教练可能认识类似的基于场地的训练，这种训练在 20 世纪 60 年代及之前的教练教材中曾是体能训练的核心。

尽管来自传统国家的队员可能还记得他们的训练项目中曾有过类似的训练，但是在当时的基础训练中这些项目存在不足：频率、强度、持续时间和进度。他们可能进行过类似的训练，但是不像今天的训练那样高频率、高强度或者持续时间长。显然当时没有从长期比赛考虑将训练分阶段进行。我们今天所看到的是重新将早期的训练模式纳入现代的训练原则中。

这些和其他全身训练的目标是为运动员的战略动作做好准备，而战略动作是成功得分或阻止对方进球的关键。这些动作频繁涉及高能量输出的跳跃或奔跑。重复跳跃属于增强式活动，并且它的各种变体利用了伸展缩短循环，而后者被认为不仅能改善跳跃的能量输出，还能改善奔跑的能量输出。如果把改善奔跑作为目标（也应如此），请观察短跑选手的训练，你将看到大量针对重复跳跃的练习。

在足球比赛中每隔几秒钟就会发生一些随机动作，引入全身训练工具能够帮助在发生随机动作时协调身体。运动员可能会在瞬间双脚跳跃、单脚跳跃、跨跃、飞跃和拦截，在做动作或反应的时候通常是不受意识控制的。尽管很难通过模拟训练来模仿与真正对手（而不是训练中的队友）交锋时可能发生的事情，但是准备好每个运动员的神经肌肉系统并不难，让他们在比赛期间能够瞬间对未知情况做出反应。确保每个运动员都做好最充分的肌肉神经准备是教练的责任。

这就是为什么运动员所进行的指导性训练从表面上看与比赛毫无相关，且已成为现代训练的常态。这些训练可能用到长凳、铁环、跨栏、敏捷梯以及其他相关的器材，它们教会运动员高效地使用身体，将不必要的动作降至最低。尽管足球运动员的跑步形式与短跑运动员流畅高效的跑步形式大不相同，但是通过将几十年前的足球录像片段与现在的比赛进行对比，很好地证明了训练、动作协调和运动素质都取得了巨大进步。

尽管过去25年以来各项训练都取得了进步，但是如果教练和运动员不关注其他专家的经验教训，忽略了影响比赛表现的补充性方面，那么训练将收不到预期效果。

研究表明仅仅脱水2%就会影响到运动员的表现。不要以时间紧张为借口在足球比赛期间不喝水。在比赛中有许多死球机会可以喝水。在比较炎热的天气下，裁判有权暂停比赛让运动员喝水休息。在炎热和潮湿天气下，喝水休息是许多青年联赛的规则之一。你是否注意到北京奥运会期间男子金牌争夺赛中每半场一次的喝水休息？

据报道25%—40%的足球运动员在走入训练场或比赛场之前就已经脱水，因为他们在前一天的比赛或训练之后没有补足水分。

肌肉需要消耗能量，而足球运动的主要能量来源是糖类。糖类供给受到限制将会影响表现。糖类储备不足的足球运动员参加比赛时将走得多跑得少，尤其是到了比赛后期。出于某些原因，团体运动员在挑选食物时不如个体运动员认真谨慎。

在每半场的比赛中随着时间的推移受伤的概率增高，因此需要健壮的身体部位来预防受伤。预防受伤的措施之一是改善每位运动员的健壮程度。运动员在到训练营的时候健壮水平应该在合理的范围内，以便教练能够通过定向的赛季前训练来安全地提升他们的健壮水平。一些团队的比赛安排非常紧密，因此在赛季中很难进一步提升健壮水平。在比赛密集的赛季，如果每周通过太多的高强度锻炼来提升健壮水平，那么将存在急性损伤、过度使用损伤、表现下降、恢复慢和过度训练的风险。

一些报告表明技能差的运动员比技能娴熟的运动员更容易受伤。因此，预防受伤的另一个办法是改进技能。

花时间做有效的热身运动，如果将热身加入到常规的身体部位训练中，那么所收获的益处将是巨大的。但是偶尔进行热身是没有保证的。大部分教练都擅长计划训练课程，但忽略了引导团队进行热身运动。

足球运动最危险的部分便是抢球。研究表明最危险的抢球动作包括跳跃、单脚或双脚前进时露出鞋钉以及从正面或侧面袭来（头与头碰撞也是极其危险的，见下一条）。要记住，一条最简单的公理就是双脚离地事故来。运动员不应该模仿专业比赛中的腾空行为，而应保持双脚着地。

不要忽视头部受伤。头碰头、肘碰头、头碰地、头碰门柱或者意外球撞头都是危险的。不要将脑部撞击同踝部扭伤一样看待。遭到上述头部碰撞的运动员应该马上从比赛中退出来，直到所有人都确定他没有安全隐患之后才能继续返回比赛。最佳的建议是：只要怀疑头部受伤就不能比赛。

在美国以华盛顿州为先导许多州都通过了这样一项法案：运动员脑部

受到撞击之后必须有书面的体检合格报告才能返回比赛。头部受伤不要敷衍过去，头比任何比赛都重要。

在训练的时候要遵循一些常识。例如，使用与年龄阶段相适合的足球。年纪大的运动员不应该与年纪轻的运动员在一起训练。年轻的运动员可能会被从身上踩过或者遭到球或运动员的高速撞击。其次，受伤的最好预测途径便是受伤历史，因此受伤的运动员应该完全康复之后才能返回赛场。完全愈合的小伤通常预示着更严重的伤害的到来。安装或取下球网的时候要采取明智的办法，必须站在凳子或梯子上进行。跳跃时因重力作用而降落，如果身上的环状饰物挂上网上的钩子，通常会招致严重的撕裂。最后，不要让任何队员攀爬球门的门柱。儿童在不牢固的门柱下玩耍导致的严重伤害甚至死亡时有发生。

一、蹲踞跳

（一）步骤

（1）选择有良好缓冲功能的鞋子，在有回旋余地的地方跳。

（2）使用双脚起跳，尽力跳到最高。让双膝尽可能挨近躯干。在跳起的过程中使用双臂调节平衡。

（3）轻柔地着陆以降低冲击力，然后又快速起跳。将在地面停留的时间降至最低。这项训练是简单的连续垂直跳跃。

（二）锻炼的肌肉

主要肌群：股四头肌（股内侧肌、股外侧肌、股中间肌和股直肌）、腓肠肌、比目鱼肌、臀大肌、臀中肌和臀屈肌（腰大肌、腰小肌、髂肌、股直肌和缝匠肌）。

辅助肌群：腹部核心肌群（腹外斜肌、腹内斜肌、腹横肌和腹直肌）、竖脊肌、腘绳肌（股二头肌、半腱肌和半膜肌）和三角肌。

（三）足球训练的影响

大部分相关的书籍都将足球描述为耐力活动。一场足球比赛的走表时间为90分钟（尽管实际踢球的时间最多70分钟）且没有中场休息，因此耐力因素是比较重要的。但是比赛的输赢取决于动作的高能量突然爆发，例如短跑冲刺10—20米到达球边或者争夺角球时跳得比对手高。尽管这些机会不会经常有，但是运动员必须做好准备，在比赛的过程中只要时机到来可能要开展多次高能量爆发动作。有许多针对高能量输出的训练，一些需要器械的帮助，而另一些表面上看起来很简单，但实际上非常有效。要想高效地进行该训练，你必须跳得尽可能高，大腿向上贴近躯干，然后轻柔安静地着地。一次跳跃就比较吃力了，多次跳跃将是一种极大的挑战。随着力量的增强，你将发现每次都越跳越高，并且随着大腿的耐力增强，重复跳跃的次数也在增多。偶尔进行此项训练，比如在比赛之前有两天或多天的恢复时间。

二、反复跳跃

(一) 步骤

(1) 面向球场的边线或底线站立，或者站在它们的一侧。

(2) 使用双脚起跳，向前后或左右刚刚跳过界线即可。

(3) 脚一着地，就尽快地跳回界线的另一侧。该动作要极其迅速，空中停留时间和触地时间要降至最短。

(4) 不要计算与地面接触了多少次，而是在预定的秒数内尽可能快地跳，随着体质的增强而增加时间。

(二) 锻炼的肌肉

主要肌群：腓肠肌和比目鱼肌。

辅助肌群：腹部核心肌群、竖脊肌和内收肌（内收长肌、大收肌、内收短肌、耻骨肌和股薄肌）。

(三) 足球训练的影响

耐力、力量、速度和敏捷性——足球运动几乎要求身体的各方面都是健壮的。快速的步法很快成为技能训练项目的一部分。这将要求你在很短的一段时间内通过尽可能多地接触球来完成一系列动作。曾经参加过这些训练的运动员都知道快速步法训练对体力要求非常高并且很累人。在非常短的时间内进行又短又快的接触考验着身体快速提供能量的能力。在狭小的空间内进行尽可能快的训练能够帮助你为此做好准备。

三、深跳

(一) 步骤

(1) 选择一个大约 30 厘米高的矮箱子。

(2) 双腿站在箱子上，双脚齐肩宽，手臂和手掌置于体侧。

(3) 从箱子上跳下来，双脚同时着地，并把双手抬起到胸前。

(4) 着地的时候弯曲脚踝、膝盖和臀部以缓冲冲击。保持着地位置不变，不因落地冲击而调整位置。

(5) 返回到箱子上重复训练。

(二) 锻炼的肌肉

主要肌群：髋部屈肌、股四头肌、腓肠肌、比目鱼肌和内收肌。
辅助肌群：竖脊肌和腹部核心肌群。

(三) 足球训练的影响

防止受伤是本书的一个主题。防止受伤不能仅能够继续比赛，还能改善比赛成绩。防止受伤的核心是对某些部位进行良好的神经肌肉控制，包括膝部和脚踝、臀部和躯干等部位的包围性关节，尤其是在猛烈的活动中，比如跳跃时着陆或者突然改变方向。此项训练的目标是控制冲击以及在落地时不要让膝盖左右摆动。此外比较重要的是，在落地的时候让脚踝吸收冲击力，以免在着地的过程中躯干摆动。如果这些包围性关节之一切换不当，则膝盖必须做出调整，而这一调整将使膝盖处于不利地位，可能导致损伤。应该在教练的观察下进行此项训练，确保你的姿势正确。记住，这是单纯的着地训练，从箱子上跳下来之后不要再跳回去。

四、速滑跨步

(一) 步骤

(1) 双腿齐肩宽站立，双手放在臀部上或者放在身侧外边以保持平衡。

(2) 保持躯干挺直，轻轻一跳跨到右边，以右脚着地。左脚离开地面，身体在右脚上保持绝对平衡。

(3) 停留一会儿并重复，轻轻一跳跨到左边。

(二) 锻炼的肌肉

主要肌群：臀大肌、臀中肌和股四头肌。
辅助肌群：竖脊肌、腘绳肌和腹部核心肌群。

(三) 足球训练的影响

这项训练是真正的全身锻炼，因为需要用大腿来驱动侧跨步；大腿在起跳、悬空和着地过程起到稳定躯干的作用；利用胳膊和肩膀来帮助实现平衡。随着训练时间的推移，你将发现侧向速度和敏捷性得到提升。在比赛的过程中，大多数动作都是在无意识的情况下进行的。你将发现自己在快速带球的时候突然有防卫者出来挑战。你将在瞬间站住一只脚，并朝另一侧方向跨去，同时将球踢到该方向上。但是你绝对不会真正思考这一动作，而是无意识地让它发生。通过这类简单的训练，比赛的步伐和快速果断地躲开对手的能力将得到很大提升。随着肌肉的强健和神经肌肉控制的改善，你很快就会发现侧跨步的距离远了，并且着地也更稳了。

五、躺地斜抬腿

(一) 步骤

(1) 仰卧在地面上，用双手将杠铃横杠举在胸部上方。双臂伸直。
(2) 不要移动横杠，将双腿伸直向横杠的一端抬起。
(3) 保持双腿伸直，放回地面上。
(4) 重复该动作，将双腿抬起指向横杠的另一端。双腿向左、向右各抬一次算一个回合。

(二) 锻炼的肌肉

主要肌群：腹部核心肌群、股直肌、腰大肌、腰小肌和髂肌。
辅助肌群：缝匠肌、胸大肌、肱三头肌、三角肌和前锯肌。

(三) 足球训练的影响

19世纪70年代的一系列电影都是关于百事球王贝利的电影。在这一系列出色的训练影片中包含了许多腹部练习，而这又是巴西联赛训练方案的一部分。这项训练与之前的巴西球员训练非常相似，只不过现在不是握住搭档的脚踝，而是在头顶上举一根杠铃横杠并进行臀部和躯干弯曲，同时伴随着躯干的稍微旋转。在关于巴西球王贝利的电影中大部分腹部训练都隔离在腹部，而这项训练运用了躯干的多块肌肉，显著提升了训练效果。不要小瞧这项训练，它是非常有挑战性的，尤其是当你意识到最难的动作部分会限制呼吸时。不要忘记杠铃横杠一直是放在头顶上的。

六、跳箱

（一）步骤

（1）站在一个高度在胫中点到膝盖之间的稳固箱子面前——确保不会翻转。

（2）使用双脚起跳，跳到箱子的上方，双脚落在箱面上。不要刚好跳到箱面上，要跳高一些以便自然落在箱面上。

（3）跳下回到原点，落地要柔软安静，以吸收掉落地时的冲击力。

（4）以持续不停的动作重复该训练。刚开始时每次持续5—10秒钟，随着身体的强健再加长时间。

（二）锻炼的肌肉

主要肌群：股四头肌、臀大肌、臀中肌、腓肠肌和比目鱼肌。
辅助肌群：腹部核心肌群、竖脊肌和髋部屈肌。

（三）足球训练的影响

现代的足球是高能量输出和更需耐力跑步的综合体。在球场上的任何位置给对手施加压力的欲望和能力是每个足球运动员的宝贵特质。某个球员在丢失控球权之后，通常会联合一个或两个队友给对手在多层面上施加压力（例如，马上去夺回控球权；通过封锁拖住对手，让球继续在前面跑；快速封锁迫使对手传球失误；或者封锁对手并延迟进攻动作，让队友得到恢复）。不管是哪种情形，给对手施加压力都需要采取快速的、受控制的方法，其主要特征是短时间内的高能量输出。给对手施加压力是高强度的动作，但是通常马上就获得重要的结果，比如导致对手失误让队友得到控球权。在必要的时候施加适当的压力要求运动员锻炼出足够强健的体质，这是一项挑战。几乎每个教练都会说的是，运动员失去控球权之后让他给对手施加压力非常困难，原因之一是丢失球之后带来的沮丧或失望，但也不排除运动员的体质不够强健。与此项训练类似的跳跃训练要求非常高的能量输出，如何配合类似的失球控球训练将使足球团队获得非常优秀的施压能力。

七、罗马尼亚硬举

(一) 步骤

(1) 将杠铃放在地板上,双脚齐肩宽或略窄站直在地板上,脚趾在横杠下且稍微向外指。

(2) 做深蹲姿势。胳膊伸直,正手抓住横杠,手掌朝下。背部应该平直或稍微弓起。肩膀往后靠,胸部往前挺。

(3) 向前看,深吸气。脚跟对地面施力,收缩股四头肌和臀肌,将杠铃从地面提起来。保持背部笔直,横杠接近身体。身体站直,但不要让膝关节发生交锁。呼气。

(4) 吸气,慢慢放下杠铃,回到起始位置。

(二) 锻炼的肌肉

主要肌群:竖脊肌、股直肌、臀大肌和腘绳肌。

辅助肌群:肩胛稳定肌群 (比如斜方肌)、腹直肌、腹外斜肌、腹内斜肌、前臂肌群 (主要是手腕和手指屈肌,包括桡侧腕屈肌、尺侧腕屈肌、掌长肌、指浅屈肌、指深屈肌和拇长屈肌)、股外侧肌、股内侧肌和股中间肌。

(三) 足球训练的影响

硬举属于全身训练,几乎每本体育训练手册都会有所描述。这项训练要求腿部、臀部、躯干和背部出力。如果你从来没有练过这样的硬举,则会认为它很容易,但是使用杠铃增加了它的复杂性,让原本平滑的动作变得困难。进行训练时最好获得一些现场指导,确保正确、安全地举起杠铃。在举起的过程中弓背可能会导致椎间盘突出,因此要保持抬头。低头看杠铃会导致弓背。此外,在举起的过程中不要弯曲前臂,因为这会给肱二头肌带来不必要的压力。姿势是关键,练习硬举时一定不要图省事走捷径。

第五节　足球运动的基本技术

足球技术是指运动员在足球比赛中为完成战术意图而用身体的合理部位处理球的动作方法,以及合理及时调整身体姿势及运动状态的无球动作的总称。

在构成足球运动的技术、战术、身体素质、心智能力和规则裁判(包括场地器材) 五大要素中, 技术是其中最核心的要素。没有技术, 其他要素就失去了存在的意义, 可以说没有技术也就没有足球运动。现代足球运动在全攻全守的方向上不断发展, 攻守保持平衡是现代足球的重要特点, 因而也对技术提出了更多、更新的要求。

足球技术复杂多样, 按照不同的分类依据可以分为许多种。

一、踢球技术

踢球技术是运动员有目的地用脚的某一部位将球击向预定目标的技术动作。

(一) 踢球技术动作

1. 踢球技术动作简介

踢球的动作很多, 要领和方法也不相同。然而它们均由助跑、支撑脚站位、踢球腿摆动、脚触球、踢球的随前动作等5个环节组成完整过程。在5个环节中, 又以支撑脚站位、踢球腿摆动、脚触球3个环节为决定踢出球的性质、力量、准确性的关键环节。

2. 踢球技术动作结构

(1) 助跑

助跑是踢球前的几步跑动。在踢球过程中, 它是第一个环节, 其目的是调整人与球之间的相对位置并使踢球者自身获得一定的前移速度。

各种踢球技术的动作结构虽然一样, 但其技术细节不同, 对运动员来说, 球可能从各个方向飞来, 如果决定采取某一种方法踢球, 就应尽量争取按其动作规格要求进行。也就是说, 必须调整人和球的相对位置, 使之便于在支撑时按照所选用的踢球动作进行。另外, 由于助跑使身体获得一定的前移速度, "腿" 在蹬地和腾空中获得了相应的速度, 为后面的环节做好了准备, 因为踢球腿的后摆与助跑时腿腾空的技术相似, 有利于完成整个踢球技术动作。

(2) 支撑脚站位

支撑脚站位的作用就是要使踢球腿在整个的摆动过程中有一个理想的、牢固的支撑点, 这样才能使踢球腿摆动的效果充分发挥出来。支撑脚与球的相对位置对于不同的踢球动作有着不同的要求, 而同一种踢球动作对不同运动员也稍有差异。

根据人体结构的特点, 一脚支撑, 另一脚摆动踢球最为理想。然而, 支撑又是对助跑中运动身体的一种制动, 对运动速度有所损失, 为了尽量减小制动，支撑腿膝关节要微屈。

(3) 踢球腿的摆动

为了使足球获得可能获得的最大动量，踢球脚应在踢球前获得尽可能大的速度，并作用在足球上，因为腿的摆动是踢球力量来源的主要因素。它的一部分过程与支撑脚站位这一环节有所重叠，即在支撑脚站位的同时踢球腿的后摆已在进行；当踢球腿后摆至一定程度时 (可能的最大值时)，接着大腿带动小腿由后向前摆动；当踢球腿膝关节摆至接近的正上方时，小腿绕膝关节做爆发式的加速摆动，从而使踢球脚以最快的速度击球。

为了使击球部位的速度有较大的增加，可以增大摆幅或增加摆速。但增大摆幅是有限的，过分地增加摆幅会造成不协调而使技术动作变形，而加快踢球腿的摆速除了完善技术动作外，可以发展增大肌肉力量来增加摆速。

(4) 脚触 (击) 球

脚触球是决定出球性质及准确性的主要环节，同时对球所能获得的动力有较大的影响。脚触球技术包括脚的部位和球的部位两个方面。同时不论使用何种动作击球，在触球瞬间踝关节都必须呈现功能性的紧张以保证将球踢向预定的目标。

如果上一环节是决定施力大小和方向这两个要素的话，那么本环节就是决定作用点这一要素的关键所在。通过这一环节就决定了被击出球的性质 (旋转与否) 和形式 (地滚、低平、半高、高球等)，并在很大程度上决定了被踢出球的准确性。它综合体现了前几个环节的作用。

对于踢定位球来说，击球点与施力方向的连线通过球的重心时，则击出的球将沿施力方向飞行 (若此连线与地面平行，则击出的球为低平球，若此连线与地面成一定角度，例如小于90度，则击出的球将沿一抛物线轨迹飞行)；若击球点与施力方向的连线不通过球的重心，则踢出的球为旋转球，其飞行轨迹将偏离不旋转球的飞行轨迹，俗称"香蕉球"。

(5) 踢球的随前动作

当"脚触球"环节结束时，脚与球已脱离，身体的任何动作对球都不能产生影响，而随前动作的目的在于保证前4个环节的正常进行。如果球被踢出后踢球腿立即停上前摆或收回，那么在脚触球之前前摆的诸对抗肌势必就得提前工作，这样前摆速度势必受到影响。所以，从这个角度讲，踢球的随前动作是不可略去的环节。

(二) 主要踢球技术的动作要领及特点

踢球的方法有很多种，这里只叙述脚内侧踢球、脚背正面踢球、脚背内侧踢球、脚尖及脚跟踢球等几种主要的踢球动作方法及要领。

1. 脚内侧踢球

它是用脚内侧部位（第一跖趾关节、舟骨、跟骨内侧等所形成的平面）击球的一种方法。其特点是脚与球的接触面大，踢球腿摆幅较小，击出球准确平稳也易于掌握。但由于踢球时要求大腿前摆到一定程度需外展提膝，故大腿与小腿的摆动都受到限制而使击球力量相对较小。脚内侧踢球在足球比赛中是使用最多的一种方法，多用于中近距离的传球和射门。

（1）脚内侧踢定位球

脚内侧踢定位球，首先是直线助跑，支撑之前最后一步助跑应大些，支撑脚站在球侧面 12—15 厘米处，脚尖正对出球方向，支撑腿膝关节微屈，支撑脚落地时大腿要带动小腿由后向前摆，此时踢球腿屈膝外展，使踢球脚与支撑脚成垂直状，脚尖微上翘，脚底与地面平行，踝关节做功能性紧张固定脚型。当膝关节摆至接近球的正上方时，小腿加速前摆。用脚内侧部位击球的后中部的同时，髋关节向前送出（平移），身体也随之前移。

在做以上动作时，重点应注意支撑脚脚尖要正对出球方向，触球瞬间踢球腿摆动方向应与出球方向相同，且脚内侧部位正对出球方向（踢球脚与支撑脚垂直），踢球时应注意踢球腿小腿不可上撩，身体亦不可向后仰。

（2）脚内侧踢空中球（低于胸部的高度）

根据来球的运行轨迹、速度，及时移动到合适的踢球位置。踢球腿大腿抬（屈）起并外展，小腿屈并绕额状轴后摆，并接着由后向前摆动，当摆至额状面时击球的后中部（被击出的球为平直球）。击球时应控制小腿的摆动，不要使小腿有上撩的动作。以击球的不同部位来控制出球的方向。

2. 脚背正面踢球

脚背正面踢球，是用第一跖骨体的内侧和第二、第三、第四跖骨体的上面所形成的面（位于脚面）去击球的一种方法。由于脚背正面踢球时腿的摆幅较大，加之与球的接触面较大，因而踢球力量大，其出球的方向及性质变化较小，故准确性较高。在比赛中，经常使用脚背正面踢定位球、地滚球、空中球、反弹球及倒勾球等。踢出球的性质多为不旋转的直线球，但可以用来踢抽击性的前旋球。

（1）脚背正面踢定位球

球员直线助跑，最后一步稍大，支撑脚滚动式地积极着地支撑，踏在球的侧面 10—12 厘米处，脚尖正对出球方向，膝关节微屈，在支撑的同时踢球腿向后摆起，小腿屈曲。然后，踢球腿以髋关节为轴，大腿带动小腿由后向前摆动。当膝关节摆至接近球的正上方时，小腿做爆发式的加速前摆，脚跖屈，以脚背正面部位击球的后中部，身体及踢球腿也随球前移。

（2）脚背正面踢反弹球

根据来球的速度、路线、落点及时移动到位，支撑脚踏在来球落点的侧面。当球快落地时，踢球腿做爆发式的前摆。当球落地刚刚弹离地面的瞬间，用脚背正面部位击球的后中部。此时应控制小腿的上撩（送髋，膝关节平移），以防止出球过高。

3. 脚背内侧踢球

脚背内侧踢球，是使用第一跖趾关节及跖骨体去触（击）球的一种踢球方法。这种踢球法脚的摆幅较大，多用于中远距离的传球或射门。

（1）脚背内侧踢定位球

斜线助跑，其方向与出球方向约成45度角，最后一步稍大，以支撑脚脚底外沿成滚动式积极着地，脚尖指向出球方向，并踏在球的内侧后方20—25厘米处，膝关节微屈，在支撑脚落地的同时踢球腿以大腿带动小腿由后向前摆动。当大腿摆至与支撑腿接近同一平面时，小腿做爆发式摆动，踢球脚脚尖外转，脚跖屈（脚背绷直），以脚背内侧部位触（击）球的后部（以出球方向为准），踢球腿及身体随球前移。

选择不同的击球部位，如击球的后中部或中下部，则踢出的球会出现高、中、低不同的效果；若要踢成弧线球，则作用力线不通过球的重心，触球时脚形也要略作改变，以增加脚与球的摩擦，使球旋转。

（2）脚背内侧转身踢球

助跑结束前倒数第二步应向球的侧前方跨出（即与出球方向相反，在支撑脚一侧的侧前方），最后一步略跳动并伴随转身支撑，脚尖对推出球方向，膝关节微屈，身体向支撑脚一侧倾斜，其余各环节与踢定位球相同。

4. 脚背外侧踢球

脚背外侧踢球是用第三、第四、第五跖骨体触（击）球的一种踢球方法。其动作结构与其他踢球方法相同，技术上除第四环节外，均与足背正面踢球相同。

（1）脚背外侧踢定位球

直线助跑，支撑前最后一步稍大，支撑脚站在球的侧面10—12厘米处，踢球腿在支撑前已基本完成后摆（大腿伸小腿屈），在支撑脚着地的同时，踢球腿大腿带动小腿由后向前摆动。当膝关节摆至接近球正上方时，小腿做爆发式前摆（大腿的摆动继续）。此时要求踢球脚脚尖内转、脚内翻、脚背跖屈（绷直）并提踵，脚趾用力屈曲，使脚背外侧部位击球的后中部（出球为低平球）。若需踢成弧线球时，施力的作用线不通过球的重心，并视其所需的弧线大小决定其接触部位、摆动方向，但脚形应有利于增加旋转，即加大接触面、增大摩擦力和加大旋转力矩。

由于用脚背外侧踢球时脚腕的灵活性较大，摆腿方向变化较多，并且在助跑时又不会破坏正常的跑动姿势，故其出球的隐蔽性较强。在现代足球比赛中，各种距离的弧线球及非弧线球都使用这种踢球方法。

（2）脚背外侧踢地滚球、反弹球、半高球、倒勾球、凌空倒勾球等

方法与脚背正面踢球基本相同。在倒勾球及凌空倒勾球中，出球方向不是正后方而是侧后方，可以参照学习。

5. 脚尖踢球

脚尖踢球包括脚尖踢球和脚尖捅球两种方法。实际上是利用足球鞋尖的帮底黏合处较硬的部位击球，击球力量主要靠拇趾传递。

脚尖踢球的技术动作与其他踢球技术相同，但踢球腿的摆动是以小腿爆发式摆动为主（大腿基本无后摆），脚触球时间短，要求脚尖稍翘起，踝关节做功能性紧张固定脚形。

由于脚尖踢球主要依靠小腿爆发式的摆动获得力量和速度，所以出球速度快，往往出人意料，尤其是在雨地比赛中使用脚尖射门能收到奇效。脚尖捅球能够发挥踢球腿的最大长度，可以用来踢那些距离身体较远、用正常动作无法踢到的球。具体方法是用支撑腿跳跃上步，踢球腿屈膝前跨，膝关节前送，两臂上摆以协助身体向前跃出。然后小腿前伸，在踢球脚落地前用脚尖捅球的后中部。小腿做爆发式的屈曲摆动，用脚跟部位击球的后中部（以出球方向为准）。身体无随前动作。

由于人体结构的特点，这种踢球方法产生的力量小，但由于其出球的方向向后，因此具有隐蔽性、突然性，有一定的实用价值。脚跟踢球有两种不同的方法，一种是同侧的脚跟踢球；另一种是异侧脚跟踢球，即踢球脚后摆时在支撑脚前面交叉，摆到支撑脚外侧用脚跟击（触）球。

以上 5 种踢球动作是比赛中常用的踢球技术，其中以脚内侧、脚背正面、脚背内侧、脚背外侧等踢球动作用得最多。这些动作可以用来踢定位球、地滚球、空中球、反弹球等，不仅能踢出不旋转的球，也可以踢出各种不同性质的旋转球。由于各种踢球动作在结构上的特点及限制，不同的踢球方法只适合于踢某种旋转球。例如，脚背正面踢球适合于抽击出前旋球和搓击出近距离的回旋球，不适于踢侧旋球；而脚背内侧和脚背外侧踢球却适合于踢出侧旋球或侧前旋球，其中脚背内侧也可以踢出回旋球。因此对上述各种踢球动作不仅要熟练地掌握其动作要领和规格，而且应深刻理解其动作结构的理论依据，这样才能正确地运用各种踢球技术。

二、运球技术

运球是球员连续控制球的技术。指用身体的某一部分触球，使球能随人一起运动。运球是足球技术中最基本的技术动作之一。

运球方法很多，但每一种运球方法，都是由跑动和推拨球两个动作组成。这两个动作过程又由支撑脚踏地后蹬、运球脚前摆触球和运球脚踏地支撑三个紧密衔接的环节组成。这三个环节组成运球动作的完整结构。

要正确解决运球与跑动的关系，首先，要尽量缩短支撑的时间，迅速过渡到后蹬；其次，后蹬与运球腿前摆要紧密衔接，使蹬、摆与推拨的动作用力协调一致地作用于球上；最后，运球脚推拨球后积极快速落地，使身体与球保持合理的距离。

(一) 支撑脚踏地后蹬

支撑脚踏地后蹬一是可以推动人体重心前移；二是可以支撑身体平衡，使运球脚能离地、提起，完成推拨球动作。支撑脚时尽量缩短支撑时间，积极后蹬前摆，能加快运球速度。

(二) 运球脚前摆触球

运球脚前摆触球一是可以给球作用力，使球产生位移；二是可以不断调节触球力量、部位、方向和触球时间，协调其与跑动速度的关系。做到球动人跟紧，人能控制好运球路线，使球始终能控制在脚下以便随时改变方向或推进速度。

(三) 运球脚踏地支撑

运球脚踏地支撑一是可以使运球脚在完成推拨动作后，立即踏地保持身体平衡；二是可以使运球脚由踏地支撑转换到后蹬，也可使人的身体产生位移。

在运球过程中，支撑脚踏地后蹬是决定跑动速度的主要环节，运球脚前摆触球是控制球运行的关键。后蹬要随着摆腿的方向转动，并与髋关节、踝关节协调用力带动身体重心随之移动。

运球技术包括：脚内侧运球、脚背正面运球、脚背外侧运球、脚背内侧运球和脚底运球。在这五种运球方法中，外脚背运球可作直线和曲线运球；正脚背运球技术多用于直线运球与快速推进；脚内侧运球多在变向和掩护运球时采用。

1. 脚内侧运球

脚内侧运球时，支撑脚领先于球，踏在球的侧前方，膝关节稍弯曲，上体前倾向里转；肩部指向运球方向，重心放在支撑脚上；运球脚提起屈膝，用脚内侧部位推球的后中部，使球前进；然后运球脚着地。在改变方向运球时，用两只脚交替拨球。

特点是：易控球，但推进速度较慢，适用于掩护性运球。

2. 脚背正面运球

脚背正面运球时，身体保持正常跑动姿势，上体稍前倾，两臂自然摆动，步幅不宜过大；运球脚提起，膝关节稍屈，髋关节前送，脚背绷紧，提踵脚尖下指，在着地前用脚背正面部位触球后中部推拨前进。

特点是：直线推拨，速度快，但路线单一，推进时前方需有较大的纵深距离。

3. 脚背外侧运球

脚背外侧运球时，身体保持正常跑动姿势，上体稍前倾，两臂自然摆动，步幅不宜过大；支撑脚保持在球的侧后方，运球脚提起，膝关节稍屈，髋关节前送，脚跟提起，脚尖稍向内旋，使脚背外侧正对运球方向；在运球脚落地前，用脚背外侧推拨球。向前侧推拨球的后中部。

特点是：灵活性、可变性强，速度快，可做直线、弧线和向外变向运球，易于控制运球方向和发挥运球速度，并便于对球进行保护。

4. 脚背内侧运球

脚背内侧运球时，身体稍侧转并自然放松，两臂协调摆动，步幅要小些，上体稍前倾；运球腿提起外展，膝关节微屈外旋，提踵脚尖旋，使脚背内侧正对运球方向，在运球脚落地前用脚背内侧推拨球，使球随身体前进。

特点是：控球稳，但运球速度较慢，适用于向支撑脚一侧的变向运球和掩护性运球。

5. 拉球

拉球时，将前脚掌放在球的上部或侧上部，支撑脚在球的侧后方；触球脚向后下方用力将球拉回。向回拉球一般都是在躲开或逗引对方出脚抢球的瞬间将球拉回，再迅速将球推送出去，并越过防守者。拉球时也可接触球的上部，将球向左右两侧拉。

特点是：容易诱骗对方，使对方抢球落空。

三、抢截球技术

抢截球技术是指防守队员对持球的进攻队员所运用的一切防守技巧。

一般来说，抢球技术可以分为断、堵、抢、铲、争顶五大类，各自都具有不同的技术特征，适合运用于不同的场合，这些防守技术构成全队防守的基础。对攻方持球队员的时间、空间严格控制，能有效地遏制攻方的进攻行动，争得全队防守的成功。

比赛中运用抢球技术有两个目的：夺回对方的控球权；或者是暂时破坏对方的控球权，等时机成熟时再夺回控球权。这两个目的是全队防守共同努力目标，为此，每个队员在本方进攻失败后（即丢失控球权后），应迅速、积极地转入防守，这是现代足球比赛的基本原则之一。

（一）抢截球技术三要素

无论是抢、堵、断、铲、争顶等任何一种抢球技巧，在具体的运用中都会不同程度的涉及以下三种要素。

1. 接近

接近是指防守队员跑向持球队员的一段距离。接近的速度要尽可能地快，但快中要稍有控制，稍有余地。

（1）如果断、截传球十分有把握，则必须十分果断而快速。

（2）如果当对手背身接近球时，也应全速逼上，紧逼对手，以限制对手转身。

（3）如果对手已经拿住球，或防守队员欲上前紧逼时，进攻队员有可能将球控制好。这时，开始"接近"的速度尽可能快，但最后几步必须稍加控制，放慢一点。以便进攻队员在最后一瞬间，突然带球快速摆脱时，能够及时随之变换方向，争取有效的防范措施。

2. 角度

角度是指以球和守方球门中点连接的直线为基准的迎上盯抢的方向。一般来说，"接近"的角度同球与本方球门的中点连接是一致的。但要分清以下几种情况：

（1）如果能够把握断、截、传、盯进攻队员的来球，则应准确无误地选好切入传球路线的断球点。

（2）如果在对手接近球的一瞬间，能够迎上去紧逼持球者，当然逼上的角度应正对持球者，并尽可能阻止对手拿球转身。

（3）接近对手的角度应力争做到：尽快站在"线"上，尽快贴近持球队员。

A. 如果随便跑入线上，持球队员有可能获得时间射门、传球或运球。

B. 如果不考虑尽快插入"连接线"上，而是直奔持球队员，同样有可能给对手造成射门、传球或运球的机会。

C.如果能兼顾上面提及的两个因素，以一定的弧度跑入"线"上，将有利于防守与抢球。

3.距离

防守队员与持球进攻队员之间的距离，取决于是阻止射门、传球还是运球。

（1）如果是封堵射门和传球，其距离应比防堵运球更贴近对手。

（2）从兼顾各种情况而言，最好与对手保持约 1.5 米的距离，这样既可封阻对手向前的活动，又可限制他的活动空间，达到紧逼盯人的目的。

（二）抢截球技术

当对方得到球时，球队的主要任务是重新将球得到，或者至少要保护自己的球门不被对方攻破。后卫队员及自由中卫的主要任务是防守，但是，正如每个队员都可以参与进攻一样，每个队员都必须做好防守准备，灵活运用各种抢截球的技巧。正面抢截：防守队员面向对手，将脚的里侧对准球的中部，用力将球"堵住"。弯曲双膝，以便平衡身体，聚集力量，然后一脚支撑地面，另一脚将球向前推，突破对方的阻挡。

侧面抢截：阻截队员像正面阻截那样迎着对方的脚下将球截住。因为他是从一个角度进行阻截的，他不能将身体位于球的后面，因而他阻截脚必须承受对方的冲击。

铲球：铲球常用在危急时刻，其目的并不是为了得到球，而是将球铲离对方队员的脚下。铲球队员从侧面逼近，在靠近对于处将脚铲出，在身体倒地时，用力将球踢离对方脚下。铲球在湿滑的场地上最容易奏效。

1.正面抢截

这种抢截方法是在对方队员迎面带球时采用。

当运球队员的球刚刚离脚时，抢球人突然上前，以抢球脚内侧对正球，膝关节弯曲，身体重心由后脚移到前脚，上体前倾。如双方的脚同时触球时，抢球人的脚触球后要顺势提拉，使球从对方的脚背滚过，身体向前跟进，把球控制在自己脚前。

2.侧面抢截

抢球队员与对方运球队员并肩跑动或双方争抢迎面来球时，常采用侧面抢截方法。

（1）抢截时机

当与对方队员并肩跑动时，先使身体重心降低，手臂紧贴身体。在对方队员靠近自己的脚离地时，立即用肩部冲撞对方肩部（做合理的冲撞动作），使对方队员身体失去平衡，把球抢过来。

准确地掌握好抢截时机是成败的关键，防守队员抢截过早，容易被进攻队员将球轻弹，从他伸出的脚上飞过。

（2）防守的安全性

防守时的一条总的原则是根据实际情况随机应变。在本方球门受到威胁时，防守队员应立即将球从危险地区清除出去。表面上看起来，如果一个球员将球传给本方守门员（请记住：如果是这种传球守门员是不可以用手接球的），或者将球踢出球门线，是很消极的，但这比试图带球或传球到前场安全得多。这时，如果看到本方守门员是摔倒在地，防守队员应将球踢出底线，被罚角球总比被对方踢入一球要好得多。

3. 铲球

铲球技术运用最多的情况是在对手已突破防线，防守队员无法回到正面抢球位置时。最关键的因素是适时倒地，随便倒地会延误下一行动，并使本方即刻失去一名有用的队员。因此，应首先尽可能接近控球队员，重心置于支撑脚上，看准时机抢球腿下滑，以脚底、脚背或脚内侧把球铲掉。

（1）正面铲球

这种技术多用于对手控球离身体较远时。

移动接近控球者，膝关节微屈，重心下降，当控球者触球脚触球后尚未落地时，抢球者双腿沿地面向球滑铲，随即用手扶地做向一侧的翻滚，并尽快起身；另一种是单脚蹬地后，另一脚向前滑出，蹬地脚迅速绕髋关节摆动沿地面将球扫踢出去。

（2）侧面铲球

当双方都不能用正常的动作触球时（指跑动中），防守者应根据与球的距离，同侧脚用力蹬地时身体跃出，异侧脚向前沿地面对着球滑出，脚底将球铲出，然后小腿外侧、大腿外侧、手依次着地。或铲出球后身体向铲球腿一侧翻转，手撑地后立即起身，使身体恢复到与下一动作衔接的状态和位置。侧面铲球动作同样适用于侧后铲球。

如果一个防守队员遇到了困难，其队友在没有防守区域或没有特定盯人对象的情况下，应迅速跑动补位进行支援。

身体接触：比赛中唯一一种被允许的故意身体接触是肩部碰撞。队员并未采取以肘推挤对方队员的犯规动作，他只是以手臂的上半部抵住对手的上臂，肘部十分安全地夹紧，而且球在其可接触范围内。

站位：防守队员会尽量站在对手身后。看准来球，防守队员就可以向前移动抢位截球。如果防守队员站在对手前面，一旦他未得到球，在争抢时，就必须先转身。

拦截对手：队员正在拦截对手，以使其他防守队员有时间进行组织和调整。防守队员与对手正面相对，距离1米放慢速度，准备在失球的情况下进行争抢。

截击防守：难以控制球时，防守队员通常将球在空中挑起。在防守中打空中球比在地面拼抢要有把握。

4. 断球

断球是抢球技术中最积极、最主动的方法，但也是难度最大的抢球手段，它要求防守队员具备丰富的经验、敏锐的观察和预判能力。

（1）断球的顺序

预测传球。根据比赛时的情况（攻、防队员接应、跑位、站位、盯人，特别是所盯进攻队员与持球队员相互间的具体条件），预测将要传球的路线、方向、落点等，以判断有无断球的可能，并选择最佳的位置。对带球进攻队员的传球意图的准确判断，是断球成功的决定性因素。

判断传球的时机和球速，以决定出击的时机。

选择断球点。决定在什么地方抢截球，最佳的选择是要有较充分的启动出击时间，早于带球者抢先一步断截来球。

选择断球时的触球部位，如脚内侧、外侧、脚尖、大腿、胸腹、头等。用头断球时不能达到断后控球和传球的目的，则要求将球顶得高、远，远离本方球门为妥。

在出击断球的一瞬间，还必须决定是将球破坏掉，还是将球控制在自己脚下，或将球断传给同队队员。

（2）传球断球

是防守队员判断对方传球的速度，确信他能在球到达对方队员时将球阻截，沿最短路线快速穿插到球前进的路线上。拦截对方控制地滚球的最佳方法是使用脚的内侧断球。

（3）干扰

防守队员无法断掉这个球，但他可以在对手后面追击，并伸脚破坏对方的带球，即使他不能成功，他也干扰了进攻队员，让其无法准确地传球。

（4）争抢

当对方带球前进时，阻截是允许的。在进攻球员准备接一个来球时，防守队员应努力不让其有时间得到来球。当球接近时，防守队员已插到近旁，即使他不能阻截并得到此球，他的争抢也将延误对手的时间，阻止其自由运动。

（5）头球解围

在防守时运用头球，其距离经常比准确性重要，因为球员的目的是要将球顶出，使球远离自己的球门，并在可能时将球传给自己的队员，此处是一个大力头球的例子。

头球解围时，同伴的互相提醒和默契配合是非常重要的。

四、头顶球技术

头顶球是指运动员有目的的用头的前额部分，以身体带动头部摆动击球的动作过程。现代足球比赛中，时间与空间的争夺异常激烈，头顶球技术的使用使运动员不仅能占据空间，又能争取时间，所以头顶球是处理高空球的最重要手段。

使用头顶球技术，不仅可以进行传球、抢断球、高球射门，而且还可以利用鱼跃头顶球来扩大运动员的控制范围或用于防守时救险球。

头顶球技术包括：前额正面头顶球和前额侧面头顶球。

头球技术的动作结构是由移动选位、蹬地与摆动、头触球、触球后的身体平衡四个环节组成。

(一) 判断与选位

判断与选位是正确完成头顶球动作的前提。它直接影响到顶球时间、方向、力量和准确性。合理的选位应以准确的判断为依据。选位时，两眼注视来球，选择的位置一般以球飞行弧线与两眼正视来球的视线直接相遇为宜；由于来球高度和弧线大小不同，在选位时应适当调整身体姿势。

(二) 蹬地与摆动

蹬地动作在顶球时有两个作用，一是利用单脚或双脚蹬地产生的反作用力，使身体向上腾起，达到适宜的位置；二是通过单脚和双脚的有力后蹬，加速身体的向前摆动，从而可以增大头部击球的力量。

身体向前摆动是头部击球力量的主要来源，一种是借助两腿蹬地的反作用力，发挥腰腹肌肉的屈伸作用，使身体向前摆动，带动头部快速迎击来球。另一种是借助腰背弓的拉伸，拉长腰腹肌群和颈部的后屈，再快速收缩发力，以头部敲击来球。摆动的顺序是由下而上，这样才可以使击球部位获得最大的速度。

(三) 头触球

头触球时，要选择好头触球的部位，包括用头的部位和球的部位；顶球时，主动发力，与来球方向成一定角度，并将球顶到预定目标。这一环节的主要任务是保证顶出球的准确性。

（四）顶球后的身体平衡

顶球后维持身体平衡，其主要因素是：两臂合理摆动，脚步的移动，落地时屈膝、屈踝。顶球时，应根据来球的不同速度和顶球方法恰当协调四者关系，维持身体平衡。

头顶球技术是用头部前额骨的正面和侧面击球的方法。种类主要以用头的部位来区分。在每一种技术中，由于动作的不同，又可分为原地和跳起顶球；跳起时又可分为单脚起跳和双脚起跳。由于来球方向的不同，又可分为向前、向后和向两侧顶球。

1. 前额正面头顶球

（1）原地头顶球

原地头顶球时，身体正对来球方向，眼睛注视来球，两脚左右开立（或前后开立），膝关节微屈，重心在两脚间（或后脚上）；两臂自然张开，判断来球的速度、运行轨迹，当球运行到与地面垂直时，两腿用力蹬地伸直，腰部前挺，胸部上提，下颌平收，上体由后向前快速摆动，借助腰、腹及颈部的快速摆动，用前额正面主动迎击球的中部；击球后，上体随球前摆。

（2）跑动头顶球

跑动头顶球的动作要领与原地顶球相同；只是在准确判断来球飞行弧线后要正对来球跑出抢点。顶出球后，身体要随球向前移动。

（3）原地跳起头顶球

原地跳起头顶球时，身体正对来球，两脚左右开立，两眼注视来球；起跳时，膝关节微屈，脚尖稍内转，上体稍前倾，重心下降，两脚用力蹬地起跳；两臂屈肘上摆；在跳起上升过程中挺胸展腹，当跳起最高点准备顶球时，身体成背弓；顶球时，快速收腹，上体前摆，触球的瞬间甩头，用前额正面将球顶出；顶球后，两腿自然屈膝、屈踝落地缓冲。

（4）跑动跳起头顶球

跑动跳起头顶球时，一般都使用单脚起跳。

跑动跳起头顶球时，根据来球的速度、运行轨迹，选好起跳点；起跳前的最后一步稍大些；起跳时，起跳脚用力蹬地跳起，另一腿屈膝上摆，两臂屈肘自然上提，身体向上跃起，两眼注视来球；顶球时，快速收腹，触球的瞬间甩头，用前额正面将球顶出；顶球后，两腿自然屈膝、屈踝落地缓冲。

（5）鱼跃头顶球

鱼跃头顶球，一般用于离身体较远的平直球、抢救险球、射门等，在身体来不及移动到位时运用。鱼跃顶球时必须抢准击球点。

鱼跃头顶球时，判断来球的路线，准确选择击球点；单脚（或双脚）用力向前蹬地，当身体接近水平状态时，向前跃出，同时两臂微屈前伸，手掌向下，眼睛注视来球；击球时，利用身体向前跃出的冲力，以前额正面顶球。顶球后，身体成背弓形，两臂屈肘前伸，两手着地，手指向前，接着胸部、腹部和大腿依次着地。

2. 前额侧面顶球

前额侧面顶球的特点是，动作突然，能变换出球方向，特别是前锋队员，在门前射门时威力较大。

（1）前额侧面原地顶球

前额侧面原地顶球时，顶球前与出球方向同侧的腿向前跨出一步，两膝微屈，身体重心放在后脚上；上体和头稍向异侧倾斜并转体，两眼注视来球，两臂自然张开；顶球时，后脚蹬地，前脚掌适度旋转；触球时，上体和头向出球方向迅速扭摆，屈体甩头，击球点在与出球方向同侧肩的前上方；以前额侧面击球的后中部。

（2）前额侧面跳起头顶球

前额侧面跳起头顶球时，准确选择击球点；单脚起跳，两眼注视来球；在跳起上升的过程中，上体和头稍微向异侧倾斜并转体，侧对来球，两臂自然张开；在跳到最高点顶球时，急速转体、甩头，向前伸顶；触球时，用额骨侧面将球顶出；顶球后，两膝微屈缓冲落地。

（3）前额侧面跑动跳起头顶球

前额侧面跑动跳起头顶球的动作要领，与原地前额侧面头顶球的动作要领基本相同；不同的是，这个动作是在快速跑动中开始和完成的，完成动作后，随球移动一定要做得充分，以保证身体的平衡。

五、假动作

假动作是为了隐蔽自己动作的意图，运用各种动作假象，迷惑和调动对方，使其产生错误的判断，失去身体的平衡，从而取得时间、位置、距离等有利条件，更好地实现自己的真实意图。在现代足球比赛中，单一的技术动作很容易被对方识破，特别是在强强对抗的情况下，较难摆脱对手，因此，假动作更有着重要的作用。假动作已渗透各项技术和临场比赛的应用之中，就连跑位、抢截、接应也包含着假动作技术。假动作可分为有球假动作和无球假动作。

（一）有球假动作

1. 传球假动作

队员正要传球，若对方迎面跑来抢球时，可先做假踢动作，诱使对方堵截传球路线，然后改变传球方向。

若向前假传球，将球让过急速转身控制球。

2. 停球假动作

（1）在对方紧逼下停球时，可先假装向左方停球，对方身体重心跟随移动时，突然改变停球方向。

（2）在停球时，若对方要来抢截，可先做假踢球动作，诱使对方停下来，突然改为停球。

3. 头顶球改为停球的假动作

在停高球时，可先做假顶球的动作，再突然改为胸部停球。

4. 停球改为头顶球的假动作

面对来球假装做胸部停球，诱使对方逼近抢球，突然改用头顶球传球。

5. 过人假动作

（1）背靠对方停球时，先向左侧做虚晃动作，诱使对方身体重心向左移动，然后用右脚外脚背将球向右轻拨，转身过人。

（2）运球至对方面前，将速度减慢，对方若上来抢夺时，可用脚底将球后拉，紧接着用脚内侧或脚外侧推球突破对手。

（3）对方在侧面抢球时，运球队员应先快速运球前进，诱使对方追赶。这时运球队员可根据对方的位置，考虑是继续推球前行还是突然降低速度或以假动作停球（脚在球上面晃动）。若对方贴近运球队员，运球队员为摆脱对方可放慢速度，然后突然加快速度甩掉对方。

（二）无球假动作

1. 改变速度的假动作

为了摆脱对方的紧逼，在跑向空当接球时，可先慢跑诱使对方放慢跑动速度，然后突然起动快跑摆脱对方。

2. 改变方向的假动作

为了跑到空当接球，可用声东击西的跑位战术摆脱对方的紧逼。如先向右侧跑，当对方也向右紧随时，突然向左侧快跑摆脱对方（最好在对方接近自己的一瞬间改变方向）。

3. 抢截假动作

当对方运球时，抢球队员可先向右做身体的虚晃动作，诱使对方向左侧运球，突然逼近对方进行抢截球。

六、守门员技术

守门员技术包括：准备姿势、移动、接球、扑球、拳击球、托球、掷球和踢球技术。

(一) 准备姿势

守门员的准备姿势是很重要的。它是守门员进行各种动作前的合理站立姿势，为迅速而准确地完成各种扑、接球和移动做好身体准备。两脚左右开立与肩同宽，两膝自然弯曲并稍内扣，两脚跟稍抬起，身体重心放在前脚掌上，上体含胸前倾，两眼注视来球，两臂弯曲，五指自然分开，掌心向下置于体前。

一般在对方控制球已推进到本方半场时，守门员就要开始做动作了。特别是对方进攻已到本方罚球区附近时，要时刻注视和判断进攻的发展方向，并根据球路的变化不断调整自己的位置，做好正确的准备姿势。当球被本方队员抢断。并向前场推进时守门员可放松并可适当地向前移动，但两眼始终要注视球。

(二) 移动

它是为了更好地堵截和接获对方的射门与传球，要根据对方传球或射门前球和人的位置变化而相应调整自己的位置。调整位置一般是通过脚步移动来完成的。

1. 向前后移动

向前移动时，保持准备姿势，步幅要小，重心要低，为接低球与跃起接球做好准备。

向后移动时，重心略高，步幅稍大，前脚掌向后蹬地，要注意保持身体平衡。

2. 向左右侧移动

(1) 侧滑步

向左 (右) 侧滑步时，先用右 (左) 脚用力蹬地，左 (右) 脚稍离地面并向左 (右) 滑步。右 (左) 脚在左 (右) 脚落地的同时快速沿地面滑动跟上。两眼始终要注视球。

(2) 交叉步

在接两侧高球或扑接球时，为便于蹬地跃起，多采用交叉步。向左 (右) 侧做时，身体先向左 (右) 侧倾斜，同时右 (左) 脚用力蹬地，并快速向左 (右) 前方跨出一步成交叉步，然后左 (右) 脚向左 (右) 侧移动，右 (左)

脚和左（右）脚依次快速移动，并蹬地跃起。

在比赛中，守门员接离自己较远的地滚球或低平球时，冲出准备接空中球时，采用向前移动的步法；守门员外出、背对球门，对方吊门时，采用向后移动的步法，准备跃起将球托出；守门员接离身体不远的左（右）来球时，可采用侧滑步；守门员接侧面速度比较急的空中来球时，采用交叉步，使身体向侧面来球方向跃起。

3. 接球

接球时，守门员需要根据不同的来球而采用不同的手法将球接住并抱牢，它是守门员技术中最主要的技术。接球包括接地滚球、平直球和高球。

（1）接地滚球

面向球，两脚开立单膝跪地，膝部和另一只脚的脚后跟相靠。双手手指分开向下，小指相靠近，接球的后底部。在手触球的一刹那，双手后引，屈肘（内靠），屈腕，两臂靠近将球抱于胸前。

如果来球是低球，你可以直接弯下腰，两脚稍微分开，两腿伸直。保持身体在球的后面，接球方法同上。

在比赛中，守门员接来球力量较小的地滚球或低平球时可采用直腿式；接来球力量较大或小角度射门时，可采用跪撑式。

（2）接平直球

一般指来球的高度在胸部上下。

1 接齐胸高的平直球

身体正对来球，两臂屈肘前伸，两手拇指相靠，掌心对球。

当手触球时，手腕和手指适当用力挡住并接稳球，同时屈臂后引，反掌将球抱于胸前。

2 接低于胸部的平直球

身体伸直迎向来球，两臂下垂屈肘迎球，两手小指相靠，掌心对球。为了使身体在被球撞击时不致失去平衡，在接来球时身体应稍后收。接球方法同接地滚球一样。

接平直球易犯错误：

接球时手法不对，双手掌心相对或向下，容易造成接球脱手。

接齐胸球时，手指、手腕未用力，当来球力量大时，球直接撞到胸部造成脱手。

接球后，抱球时两肘未靠近，接住又漏掉。

在比赛中，接平直球时一般有两种情况：一种是正对球门的平直球，守门员不需要移动就可接球；另一种是边路传来的平直球，守门员要判断准确，果断外出用原地或跳起接球的方法把球截断。

（1）接高球

1 原地接高球

判断来球，确定落点，移动到位，两臂微屈，上伸迎球，拇指相对，掌心对球。接球手指、手腕适当用力将球挡住、接稳，然后屈肘翻腕将球抱牢。

（2）跳起接高球

判断来球，确定高点，迅速前跑，重心落在起跳脚上。屈膝蹬地，两臂上摆，上伸迎球，拇指相靠，手心对球。接球手指、手腕适当用力将球接住，然后屈肘、翻腕，回缩下引将球抱于胸前。落地屈膝，重心前移。

接高球易犯错误：

接球后未顺势屈肘、翻腕，造成球脱手。

手触球时，双手距离过大或手指、手腕未用力，造成漏接。

助跑起跳接高球时，判断不准，起跳过早或过晚而接不到球。

在比赛中，守门员接高球多用于断截对手的长传吊中球或边路传中球与角球吊中。

4. 扑球

当对方将球射向守门员身体两侧时，守门员在原地或侧向移动已不可能接到球，必须运用倒地扑接球的方法。

（1）原地倒地扑侧面球

倒地时脚先着地，依次是小腿、大腿、臀部、上体和手臂外侧着地。

原地倒地扑侧面球易犯错误：

倒地时未按身体着地顺序倒地，而是像平板式倒地，容易摔伤。

倒地时身体未伸展开，扑球后未立即收腹屈膝，球容易脱手。

在比赛中，在对手用小角度近距离射门或快速的低平球射门时，应原地倒地扑球。

（2）跃起扑侧面低球

同侧脚用力蹬地跃起，身体展开，两臂伸出接球，落地时，两手按球，前臂、肩、上体侧面和下肢侧面依次着地，屈膝团身，将球抱于胸前。

跃起扑侧面低球易犯错误：

判断不准确，跃起太高，球从守门员腋下穿过入网。

手持球后，手指和手腕未用力，容易造成脱手。

手持球后未将球抱于胸前，或未屈膝团身保护球，造成脱手。

比赛中，如果对方向球门柱附近或利用底线扣中传来低平直球，这种球速度快，力量大，一般传射的距离也比较近，守门员应用跃起扑接的方法接球。

（3）跃起扑侧面空中球

同侧脚用力蹬地，向侧上方跃起，身体展开伸出挡接球。落地时，两手按球，前臂、肩、上体侧面和下肢依次着地，同时屈肘、翻掌屈膝团身将球抱于胸前。

跃起扑侧面空中球易犯错误：

蹬地脚爆发力不够，身体未能腾空。

身体腾空后，未能展开，双臂未能伸向来球。

接球落地时，手指、手腕用力不够，造成脱手。

比赛中，守门员应对对方射向球门柱两端的空中球或断截对方边路传中的空中球时，应跃起扑球。

（4）扑脚下球

果断前冲，缩小角度，降低重心。在射门队员触球前的一刹那或触球同时，突然扑向对方脚下。身体侧倒，尽可能封住角度，断球后立即屈膝团身保护身体和球。

扑脚下球易犯错误：

判断不准、出击不果断，容易被对手骗过。

扑脚下球时，未利用身体封堵，容易受伤与脱手。

扑到球后，未立即屈膝团身做自我保护。

比赛中，在对手已突破后卫防线直逼球门时，守门员应果断外出，迅速接近对手。这样一方面可以缩小射门角度，同时也给对手以心理上的威胁。

5.拳击球

守门员没有把握接球或有对手争抢时：守门员为了避免接球脱手，经常采用拳击球的方法，将球击出。

（1）单拳击球

两眼注视来球，判断移动到位，当球飞行至身体前上方时，快速冲拳击球。

单拳击球易犯错误：

击球时不是用屈臂冲拳击球，而是用抢臂挥拳击球，出球无力。

跳起过早或过晚都不能发挥击球的最大力量。

比赛中，在对方采用长传冲吊、边路传中或利用发角球高吊传中时，如门前混乱，双方都在跳起争顶，守门员要应用跳起单拳击球的方法。

（2）双拳击球

判断来球，移动到位，两臂屈肘握拳于胸前。当跳至接近最高点时，双拳同时快速冲击球。

双拳击球易犯错误：

击球前两臂过早伸直，击球无力。

动作速度慢，没有发挥出前冲力量。

比赛中，当对方利用力量较大稍高于头部的平直球向门前冲吊，本方后卫又背对来球，不能判断球的情况时，守门员应果断出击，运用双拳击球的方法将球击出。

6. 托球

在比赛中对方有弧度较大的高球吊向球门，来球旋转很快。其落点又在球门横梁附近，守门员跳起接球把握性不大时，多采用托球，将球托过横梁。

（1）跳起托球

判断来球，屈膝下蹲，用力跳起，身体展至背呈弓形，手臂伸向来球底部，掌心向上，手指用力将球稍向后上方托起，使球越过球门横梁。

跳起托球易犯错误：

对来球弧度、速度判断不准，造成球擦手而过。

起跳时间没有掌握好，未能在最高点托击球。

比赛中，对速度快、旋转急、没有把握接住的来球或在球门横梁上勉强可以触到的球，应跳起将球托过球门横梁。

（2）向后鱼跃托球

判断好来球，后退跑中跃起，身体展至背呈弓形，仰体，手臂向后伸出，掌心向上，用手掌指根部将球向后上方托起。托球后转体侧身屈体落地。

比赛中，守门员站位靠前或正在向外出击时，如果有弧度较大的高球吊向球门，守门员已来不及退回门前接球，就需要快速后退，运用向后鱼跃托球，将球托出场外。

（3）向侧跃起托球

向侧跃起托球动作与跃起扑侧面空中球动作相同，只是用靠近球一侧的手臂用力伸直将球托出，另一手臂屈肘在体前。

向侧跃起托球易犯错误：

蹬地力量不够，身体未能展开，够不到球。

托球时手臂未伸直，手触球时手指未用力。

比赛中，当对方将球射向球门的左、右上角，守门员跃起扑球很难接到球时，应运用向侧跃起托球的方法。

7. 掷球

是在比赛中守门员接到球后为了争取时间组织快速反击，用手将球传给同队队员的技术动作。

（1）单手肩上掷球

两脚前后开立，单手持球于肩上，身体侧转，利用后脚蹬地、转体、挥臂、甩腕的力量将球掷出。

单手肩上掷球易犯错误：

没有充分利用蹬地、转体、收腹动作，出球无力。

球出手时没有甩腕动作，出手速度不快。

比赛中，需要将球准确、快速地掷给在中场的队员，而又便于队员接球时，运用单手肩上掷球。

（2）单手低手掷球

两脚前后开立，单手体侧持球后摆，重心后移，利用后脚蹬地、转体、挥臂、拨指的力量向前掷出地滚球。

单手低手掷球易犯错误：

掷球时，身体重心未降低，掷出的球在地面反弹，队员不好接球。

掷球手未前送，出球不准。

多运用于比赛中掷给在罚球区附近的后卫。

（3）侧身勾手掷球

两脚前后开立，身体侧对出球方向，单手持球后引，臂微屈，同时重心移到后脚上。掷球时，后脚用力蹬地，同时转体，重心由后腿移向前脚。掷球手臂由后向前经体侧沿弧线摆至肩上时，手指、手腕用力将球掷向目标。球出手后，后脚向前迈出，维持身体平衡。

侧身勾手掷球易犯错误：

挥臂时，未能同时蹬地转体，造成出球无力，也容易出手过早使球高飞。

出球时没有甩腕动作，球出手的速度不快。

侧身勾手掷球是手掷球中力量最大的一种掷球方法。比赛中，守门员可运用侧身勾手掷球，掷给距离较远的同伴。

8. 抛踢球

这是在比赛中守门员接到球后直接传给远离自己的同队队员时采用的技术动作。抛踢球有踢自抛的下落空中球和踢自抛的反弹球两种方法，其动作要领与脚背正面踢球基本相同。但由于要求踢得远，守门员都是向前上方踢。

（1）抛踢空中球

首先要抛好球，可用双手或单手抛球。在抛球前先向前助跑两步，当支撑脚落地时，上体稍向支撑脚一侧倾斜，身体重心落在支撑腿上。此时将球抛起，球不要抛得太高，球离开手后，摆动腿以髋关节为轴，大腿带动小腿前摆，用正脚背击球的后下部。触球后小腿随球前摆。

抛踢空中球易犯错误：

抛球太高，击球不准，出球偏高。

踢球时，身体重心未完全落在支撑脚上，摆动腿不能充分摆动。

抛踢空中球多用于远距离大力发球，如直接传球给在对方半场的本队中锋。

(2) 抛踢反弹球

抛踢反弹球动作方法与抛踢空中球基本相同，两者的主要区别是小腿加速前摆与脚接触球的时间应在球自地面反弹起的一刹那，距地面 15 厘米左右时，用正脚背击球的后中部。触球后小腿随球前摆。

抛踢反弹球易犯错误：

抛球太高，不容易判断反弹后的击球点。

摆腿动作慢，击在球的下部，造成高飞球。

抛踢反弹球出球快，比较准确，球飞行的路线低，比赛中多用于中距离传球。下雨天不适宜用抛踢反弹球

第四章　足球运动比赛与战术

第一节　足球实用战术

一、足球战术的概念与分类

足球是一项对抗性很强的集体运动项目，因此在比赛中常常需要几个队员相互合作配合，这种相互配合合作的行为就是足球战术活动。足球战术是指运动员在比赛中为战胜对手而采取的各种集体配合活动和个人突破行动。

战术的作用是最大限度地发挥自己一方的各种优势，最大限度地限制对方的各种特长，为保证自己能够取得比赛的最后胜利而创造机会的手段和方法。

足球战术依据不同的分类标准可以分为多种类型，一般按攻守关系可分为进攻战术与防守战术；按参加配合活动的人员多少可分为个人战术、小组战术、成队战术；按完成战术涉及的范围分为局部战术和整体战术；按照战术的特殊性分为任意球战术、固定战术；按照战术实施的场区分为中路战术、边路战术等多种不同战术。

二、执行战术原则

(一) 进攻战术原则

进攻时，为了使进攻战术的运用效果更好，每个队员都必须了解、掌握并善于合理运用进攻战术的下列四大原则。

1.制造宽度原则

制造宽度原则是指：进攻者积极跑动，尽可能利用场地宽度，拉开两翼，迫使防守者扩大防守面积，使进攻的空当增大，便于队员空插与传切配合。这一原则主要应用于稳步组织进攻的战术中，多运用短传和横传，为渗透性进攻寻找好的机会。

2.传切渗透原则

传切渗透原则是指，采用横传拉开防守后，控球者通过传球、运球等方法逐步渗透，寻找空当向前推进，创造射门机会。这一原则不仅要求队员具备准确、快速的传球渗透能力，而且要求其具有良好的移动速度，渗透越快，射门的机会就越多。

3. 机动灵活原则

机动灵活原则是指，在进攻中被对方紧逼盯防时，所采取的机智行动。有球活动时主要向一侧运球，为同伴创造另一侧空当，便于其切入接、传球；向前方运球会为身后创造空当。无球活动则主要体现在有意识地穿插跑位，为持球同伴拉开空当，创造传球点。在执行灵活原则时，队员要具备陕速启动的能力。

4. 随机应变原则

随机应变原则是指，在进攻中合理地、创造性地突然运用技巧、战术变化创造出射门机会及抢时机射门。采取应变措施时，队员需要有良好的身体素质、全面而熟练的技术、丰富的比赛经验、稳定的心理做保证。因此，直觉、应变思维、临场经验、本能反应等战术素养和个人天赋就成为随机应变的必备条件。

（二）防守原则

为使防守战术运用的效果更好，每个队员都必须了解、掌握合理运用防守战术的下列四大原则。

1. 延缓进攻原则

延缓进攻原则是指，延缓阻碍对方的进攻速度，为本队组织严密的防守布局争取时间。延缓原则常用于进攻失球后，离球最近的队员或附近的队员应立即上前逼抢，阻止对方有组织的快速反击。如果不能立即抢夺回球，也不能让对手很顺利地向前传球或快速带球向前推进，特别要阻止对方发动快速反击，要迫使其做横传、回传，放慢进攻速度，从而为本方争得时间以退守到位，形成以多防少的有利局面。

2. 对口平衡原则

对口平衡原则是指，防守队员在人数上至少与进攻队员保持等量。在延缓对手进攻速度的同时，其他队员要迅速回撤到自己的防守位置上，并在整体布局上形成相互保护的合理站位，出现攻守人数的均衡，造成对方在刚发动进攻的阶段就不占有人数优势。因此，无论是盯人防守还是区域防守都要"对口"达到攻守人数平衡，这样才有可能稳固防守。

3. 收缩保护原则

收缩保护原则是指，防守队员在回位后，迅速组织好整体防守，使防守集体性得到加强；每个人都要防守好自己的区域，并注意互相保护和补位；它能有效地破坏和控制对手的进攻，使防守处于相对稳固的态势。防守队员在实施收缩保护原则时，要集中注意力，面对进攻者要果断地采取积极性的反抢行动，力争将球夺回来。

4. 紧盯控制原则

紧盯控制原则是指，当对方向本方罚球区及其附近逼近时，为了确保球门安全，防守队员必须采用紧逼盯人与区域盯人相结合的方法，控制对手在此区域的一切行动。防守队员在实施紧盯控制原则时要尽自己最大能力，不让对手控球、突破、传球、射门，当守门员出击和扑球时，要及时做好保护或补门。

在紧盯控制时，防守队员可采用限制进攻者靠近球，封堵控球者脚下球，抢截和追逼进攻者等技术。总之，防守者必须竭尽全力，阻拦和扼制进攻队员任何可能的射门动作。

三、比赛阵形中各位置的职责

(一) 守门员的职责

(1) 守门员是防守的最后一道屏障，要力争守住球门。

(2) 要尽量扩大活动范围，利用空中优势争夺空中球，起到第三中卫的作用并及时出击。

(3) 守门员要掌握全面的守门技术，还必须有高度的战术素养；利用踢、接、击、扑等技术将对方的传球和运球断掉或破坏掉，确保大门安全。

(4) 守门员起到激励士气指挥全队的防守作用。

(5) 守门员的进攻职责是，接球后利用手抛球和抛踢球，迅速、准确地传给位置最好的同伴，直接发起进攻。

(二) 后卫的职责

1. 边后卫的职责

(1) 边后卫位置处于守门员与前卫之间，活动范围在场区的左边或右边，是全队主要的防守力量。

(2) 全力阻止对方在边路发起进攻，扼守禁区两侧威胁球门的通路。

(3) 不让进攻队员突破，一旦被突破要立即去追，追上后要尽力阻止对方下底，假如对方下底后不让其传中。

(4) 边后卫要掌握全面的防守技术，还必须有高度的战术素养；对手接球前要紧追不让其接球，接球后要防其突破或传中并伺机将球抢下来。

（5）边后卫要与中卫、前卫协同防守，并相互保护、补位，区域结合盯人，防对方转移、插上或包抄射门。

（6）由守转攻时，主动参与进攻，成为中、后场的组织者，并在同侧的边锋队员内切或回撤时，利用空当插上进攻，起着第二边锋的作用。

2. 中后卫的职责

（1）中后卫是防守的支柱，位于左后卫和右后卫之间，保护球门前中央禁区的危险地带，确保球门安全。

（2）在"四三三"阵形中有两名中卫，按其位置可分为左中卫和右中卫，按其职责可分为突前中卫（盯人中卫）和拖后中卫（自由中卫），站位方式基本上是一前一后，并保持一定的斜线距离。

（3）突前中卫采取紧逼盯人防守对方的突前中锋；拖后中卫（自由中卫）在防守时于左右补位，弥补防守线上出现的漏洞。中卫都要随时截断、破坏对方传入后卫身后的球或补抢、夹击运球突破对手，弥补防守线出现的漏洞并居后指挥整个防线挤压中场或及时收缩防守。

（4）进攻时，后卫应及时接应前卫、边后卫的回传，得球后快速发动进攻，也可伺机插上进攻。

（5）进攻时，本方踢角球，高大的中卫可以到对方门前争顶攻门。

（三）前卫的职责

边前卫的位置处于后卫与前锋之间，是锋、卫之间的桥梁和攻、防的枢纽。如果是三名前卫，通常是左、右两名边前卫突前，一名中前卫拖后，共同形成三角形；如果是四名前卫，就让另一名中前卫突前一点，保持层次，控制中场。前卫要求技术全面，体力充沛，战术意识好。进攻时，前卫是中场的发动机；防守时，前卫是阻止对方进攻的屏障。

1. 边前卫的职责

（1）重点看守对方的前卫，就地抢截。

（2）延续、瓦解对方的进攻，为本方后卫组织整体防线赢得时间。

（3）盯防对方插上的前卫，协助本方中卫和边后卫夹击、围抢对方持球队员，并与拖后前卫组成罚球区前的防守屏障。

（4）进攻时是主要的组织者。

（5）要及时、准确地将球传到对方后卫身后，为本方前锋突破射门创造条件，并伺机插上或者与同伴配合突破对方防线射门得分。

2. 中前卫的职责

（1）是封锁对方进攻的通道的防守屏障。

（2）延缓对方进攻速度，从而为本方后卫组织整体防线赢得时间。

（3）在后场要盯死从中场插上的对方前卫或中卫，使本方得以插上后卫的空当。

（4）进攻时是中场的接应和支持者，能通过长传转移进攻方向，并具有适时插上和大力远射的能力。

（四）前锋的职责

1. 边锋的职责

（1）边锋位置处于最前端，是全队主要的进攻力量。

（2）活动范围在场区的左（右）边、中间等，可分为左边锋、右边锋。

（3）通过传切配合、运球突破对方边路防守来射门或传中。

（4）由攻转守时，盯住本侧的对方后卫，不让其轻易助攻。如该后卫插上进攻时，应积极紧逼盯防。

（5）在同侧后卫插上进攻，而本队失控球权时，应迅速回撤，协助防守。

2. 中锋的职责

（1）中锋是全队进攻锋线的尖刀和主要得分手。

（2）活动范围主要在前场对方禁区附近。

（3）掌握熟练的过人技术和突破能力，力争突破对方防线，寻找和制造射门得分机会。

（4）通过穿插扯动，利用突破配合，为同伴创造射门机会。

（5）防守时不要回撤太多，在中场根据对方队员所在位置横向移动，以牵制对方两名中卫。

（6）本队一旦在前场丢球，要积极迅速回抢，阻挠对方的进攻速度，为本方从容组织回防赢得时间。

前锋除积极进攻外，防守时还要紧盯自己的对手——对方中卫和边卫，还要协助本方的后卫线来防守对方的锋线队员。前锋职责范围气势磅礴，这是现代足球"全面型"打法的需要。

四、守门员战术

前面我们讲到，守门员既是防守的组织者，又是进攻的发动者，所以守门员战术有防守战术和进攻战术两类。

（一）守门员防守战术

1. 门前站位

（1）比赛进行中的站位

应选择在对方射门时，球所在位置与两个球门柱之间所形成的分角线上。

在这个原则下，根据对方射门距离的远近可适当地前移或弃门外出，缩小对方射门角度。

（2）防守定位球时的站位

防守任意球，主要是前场本方罚球区附近的任意球时，一般情况下，守门员负责组织"人墙"，他首先应站到距球近的一侧门柱，看"人墙"是否封住近角，然后选择远角站位，并且一定要看到球，不要让"人墙"挡住自己的视线。

防守角球时，他应选择站在远端球门柱一米左右的球门线外。

2. 出击断截球

（1）对边路传中的空中球，落点在球门附近时，守门员应果断出击争夺此球，并根据当时情况应用各种方法将球接住或击出。

（2）凡落点在点球附近的从不同角度、方向长传来的球，守门员应迅速而果断地冲出，抢断第一点。

（二）守门员进攻战术

守门员进攻战术一般有两种形式：一种是罚球区内或罚球区附近的定位球由守门员发起进攻；另一种是接球后用手掷或抛踢球发动进攻。不管哪一种形式，守门员发出的球有三种情况：一是当对方已回撤时，守门员将球发给后场的边后卫；二是需要发动快速反击时，守门员将球直接开给前场的同伴；三是中场比较空时，守门员将球直接传给有利位置上的中场前卫。

五、定位球进攻战术

定位球战术是指在比赛中，利用"死球"后重新开始比赛的机会组织进攻与防守配合的战术方法。定位球战术包括中圈开球、角球、任意球、点球、掷界外球等。

根据有关研究资料表明，约有40%—50%的人球是来自定位球配合，特别是在许多关键性的比赛中的胜负常常是任意球、角球、掷界外球配合后攻入的。这是因为定位球进攻与一般的配合进攻相比，有以下 5 个方面的有利条件。

（1）球的罚出或掷出是在死球状态下，不存在控球问题。

（2）除掷界外球外，对手都必须在距离球 10 码以外的位置，无法对罚球队员施加防守压力。

（3）投入的进攻人数较多，一般有 8—9 名队员，他们可以在不招致任何风险的情况下向前进入攻击位置。

（4）队员可以在预先设计的进攻点站位，以最大限度地发挥每个队员的作用。

（5）通过训练可达到很高水平的协同行动与把握时机的能力。

这 5 个因素的综合作用，使得防守队员对定位球的防守难度极大，若进攻队员在配合中投入得更多，防守定位球的难度会更加提高。教练员可以对罚球队员、接应队员、插上队员等进行针对性的安排与训练，这样往往会取得良好的效果。

（一）任意球进攻战术

1. 直接任意球

直接任意球是可以直接射门得分的罚球。在具体情况上有两种：一种是可以直接射门并破门进球的可能性很大，另一种是可以直接射门但是进门的可能性较小。如果出现直接射门的好机会，则应果断决定实施直接射门。任意球最好的机会是在罚球区的罚球弧内或附近处的任意球。

在这一区域的任意球的进攻战术组织应基于这样的原则：遮蔽守门员的对球视线，以使其对任何射门——劲射或巧射的反应减慢。

为达到遮蔽守门员视线的目的，可以派两名进攻队员延长对手"防守人墙"两侧的宽度或位于守门员一侧的人墙宽度。为了能用身体挡住防守队守门员的视线，这两名队员应成直立姿势站位，他们的位置可以与人墙保持平行，也可在离球 6—7 米处。当主罚队员将球罚出后，这两名攻方队员应及时散开并准备补射。散开时机要把握到精妙之处，尽量晚一点，让对方守门员能够看到球的时间越晚越好。

罚球时，应由两名罚球队员站于罚球位置上，这样可以使对手产生疑问，不能确定哪一位是主罚队员；如果两名罚球队员从不同的角度跑动，还可以踢出不同类型的弧线球，如果一个是左脚队员而另一个是右脚队员最好。两个队员从不同的角度助跑将使诱骗对手的战术配合更容易获得成功，非主罚队员还可以掩护主罚队员使防守队员产生迷惑感，行动迟缓。

在罚球区中路附近的直接任意球射门方式一般有以下一些方法：

（1）劲射。主罚队员发现防守人墙不严密、有空隙或者是防守人墙宽度不够，未将守门员远侧的球门角度封死或守门员站位错误时，这时主罚队员可以采取大力射门。这种罚球对罚球力量与准确性上都有较高的要求。

（2）弧线球射门。由于防守人墙的严密防守，从两侧射门的角度受到很大的限制。所以，主罚队员可以采取踢弧线球，以绕过防守人墙射门。踢出的弧线球以向侧前旋转效果最好。踢弧线球射门时一般以射进门柱一侧为主，射这一侧的成功机会比射远门柱一侧的成功机会高出90％。

（3）快速射门。当出现罚任意球时，不必等裁判员鸣哨再罚球。球放稳后，要乘防守队员此时思想放松、尚未高度集中、防守阵线有漏洞、守门员在组织人墙时，迅速实施射门，这时的射门往往能收到较好的效果。

（4）战术配合射门。为了能够取得更好的射门角度和效果，常常采取配合射门。配合射门主要是利用突然传球配合和迷惑手段，避开防守队员的防守或是防守人墙，为主罚队员创造更好的射门角度或机会。

主罚队员罚球前，两名同伴站在对方守门员负责防守的球门一侧的防守人墙的端点一侧，以挡住守门员的视线。当主罚队员踢出球后，这两名队员即刻向两侧避开，球从闪开的空间飞过直入球门。

在罚球区外侧方罚任意球时，由于射门的角度较小且离球门较远，在罚球时的基本原则是将球传至防守队员的后方。分析表明，在罚球区外侧区域出现任意球的概率最大，因此，应当对这种区域的任意球的罚球配合进行更多的训练，以取得更理想的效果。

2.间接任意球

间接任意球是主罚队员不能直接踢球射入对方球门的任意球。主罚队员踢球后，球必须经其他队员触及后射入对方球门才算有效，否则无效。另外，当罚球地点距离球门过远，射门角度过小，防守队员人员密集时，一般采取间接射门。间接射门常常采用的战术配合有以下几种。

（1）快速一拨即射。

此外，利用防守队员尚未站好位置、组织起防守人墙时，迅速将球罚出传到防守空当去，由插上的队员快速完成射门。

（2）空间抢点射门或空间掩护射门。空间抢点射门一般是将球罚向预定的攻击目标区上空，由同伴在此区域利用身高或抢位争顶头球射门；另一种方法是突然从后插到前点，在前点直接头球射门，还有一种是将球传至前点，由抢前点的队员向后点蹭，真正抢点射门的队员从后点争球抢点射门。这几种方法在世界杯大赛上都取得了很好的效果。

（3）声东击西攻其不备。利用一些进攻队员无球跑动佯攻对方的一侧，吸引防守队员的注意力，突然将球传到防守队员身后的另一侧实施真正攻击的队员脚下，由其射门。

（二）角球进攻战术

角球进攻有两个有利条件：一是罚角球可以直接射门得分，一是进攻队员直接接得角球没有越位犯规。罚球队员需要有良好的踢球技术，对自己罚出球的弧线和落点控制要有十分的把握。角球的落点一般在球门区线上附近的区域，因为这个区域守门员不易争抢到球，所以较少冒险出击，而进攻队员在此区域既可直接顶球射门也可踢球射门。

角球的进攻方法一般有以下几种。

1. 直接踢弧线球射门

不论踢角球在球门左边或球门右边，在试图直接射门得分踢角球时，多数是以侧弧线球攻击球门的两个上角区域部位。

2. 将球直接踢向威胁区域

球门前两个椭圆区域内进攻队员人数较多，防守队员也不少。守门员活动受限，不敢轻易远离球门争抢空中球。进攻队应重点在这些区域布置攻击队员专门负责争夺此区域的空间优势。从近几届的世界杯大赛中的角球情况看，所进角球几乎全部采用此种方式。

3. 中短距离配合战术角球

这种战术配合的主要目的是取得更好的传中位置和传球角度。

（三）界外球攻守战术

足球比赛中掷界外球的次数很多，特别是在前场的界外球，它已接近了角球对双方所产生的影响和效果，且投掷界外球无越位限制，有利于进攻方的战术配合。

1. 掷界外球进攻战术

（1）直接回传：由接球者直接或间接回传给掷球者，由掷球者组织进攻。

（2）摆脱接球：用突然的变速变向摆脱防守，接应或插入接球，展开进攻。

（3）长传攻击：由擅长掷球的队员掷出长传球，由同伴在对方门前配合攻击是经常用的方法。如掷球给跑动中的同伴，接球后用头顶后蹭传球，另两名队员配合同时包抄抢点攻门。

2. 界外球防守战术

（1）在掷球局部要紧逼，特别是有可能接球者，要死盯。

（2）对比较危险的地域和有可能出现的空当要重点防守和保护。

（3）对手在前场掷球时，应采取相应的防守对策，派人在掷球者前面影响掷球的远度和准确性，对重点对象要盯紧，选择防守的有利位置。

（四）球门球战术

1. 进攻方法

（1）长传和短传方式：直接将球踢出组织进攻。

（2）通过守门员的后卫的配合，由守门员再发球进攻。

2. 球门球的防守

（1）对方大脚发球时要严密控制落点和紧逼盯人并做好保护。

（2）本队进攻结束，对方踢球门球时，除前锋队员干扰对方配合，延缓进攻速度外，其他队员应回防到位。

（五）开球战术

1. 开球进攻战术

（1）组织推进：利用开球进行控制球、倒脚，寻找进攻机会。

（2）长传突袭：利用比赛刚开始对方思想不集中，站位不好，出现明显空当时，采用长传突袭，使对方措手不及。这种战术即使不能成功，也会给对方造成心理上的压力。

2. 开球防守战术

主要是全队思想集中，选好位置，严防对方偷袭。当对方采用短传推进时，按防守原则行动，力争尽快地夺得控球权。

（六）罚球点球的攻守战术

1. 主罚队员

（1）以射准为主，以力射为辅，射球门的底角和上角最优，但要留有余地。

（2）心理要稳定，有必进的信心。

（3）先看守门员位置，决定射门方向。

2. 守门员防守

（1）应有必胜的信心，心理要稳定，守门员守不住不会受到更多的指责。不能轻易改变决定。因为对方主罚队员更紧张。

（2）可以采用故意放大一侧的方法，或者用假动作迷惑干扰对手。

（3）掌握对手惯用的脚法和射门方位等特点，有针对性的防守。

（4）不论射向哪个方向，总是向某一底角扑出，因为单纯靠反应再扑救是来不及的。

六、个人进攻战术

个人进攻战术是局部进攻战术和全队进攻战术的基础。个人进攻战术水平的高低直接影响着局部和全队进攻战术的质量，同时，个人进攻战术必须服从于局部和全队进攻战术。

个人进攻战术包括如下几种：

(一) 跑位

跑位是指足球比赛中队员在无球的情况下，通过有意识地跑动，为自己或同伴创造进攻机会和行动。

据统计，在一场90分钟的足球比赛中，除去死球，实际比赛的时间约有60分钟，而每名队员的实际控球时间仅有几分钟，其他时间都在不停地跑动，由此可见跑位十分重要，它是进攻战术的基础。根据跑位的目的和开始状态，跑位可分为：摆脱和接应、切入和插上、扯动和牵制。

常用的跑位方法是：突然变速跑、变向跑、起动和急停等。敏锐的观察、明确的目的、合理的时机、多变的行动是跑位战术的主要内容。

1. 敏锐的观察

当本方获得控球权由守转攻时，无球队员的首要任务就是观察控球队员所处的场区位置、控球的情况、有可能传球的角度和方向，其次观察对手对控球同伴的防守及布防的情况，同时还要观察本方其他同伴的跑位。敏锐的观察的目的是收集场上的信息，使下一步的行动更加合理。

2. 明确的目的

通过观察了解了场上的情况后，无球队员就应根据自己肩负的任务以及配合同伴的行动，明确地做出判断，采用什么样的跑位方式。

(1) 摆脱：在对手紧逼时，队员所采取的脱离对手的行动。摆脱常用的方法有变向、变速、做假动作等。摆脱的目的是为了获得有效的时间和空间。

(2) 接应：为接球或与同伴配合而向控球的同伴方向跑位跑动叫接应。接应是对控球同伴的支持和帮助。当控球同伴运球时受到对手的逼抢而处于一对一的僵局时，无球的同伴应迅速靠近控球队员以形成多打少的局面，运用二过一配合进行突破。但是，在接应同伴时应注意合理地选择接应的位置。当控球同伴局部区域防守队员较多时，接应队员就不能盲目地向控球队员靠拢，以免相互挤在一起失去突破的空间。

(3) 拉开：当控球队员所在的区域防守力量较强，布防人员较多，无法在该区域进攻时，接应队员应迅速跑向其他地点以扩大防守面积，使控球队员能及时地改变进攻方向，同时，为同伴制造了空当。

（4）切入：当控球队员有传球的可能时，无球同伴应及时通过防守线向防守队员身后的空当接球。切入可以从防守队员的身前或身后移动到空当。由于防守队员必须随时观察控球队员的动态，所以从防守队员的身后切入更具隐蔽性，更易达到预期效果。

（5）扯动：无球队员通过合理地跑动，扰乱防守位置和部署，为同伴创造传、接空当。扯动的目的不在于拿球，而在于牵制防守者，使之失去防守位置从而打乱防守体系，为同伴的进攻创造机会。

3.合理的时机

场上出现的空当往往稍纵即逝，因此发现空当后的跑位的时机要及时、合理。跑晚了或跑早了都容易被防守队员识破进攻意图，造成进攻的失败。因此，合理的跑位时机需传、跑队员都具备高度的战术意识和默契的配合能力。在比赛场上，跑位的时机通常有以下三种情况：

（1）无球队员先跑位，通过跑位引导控球队员传球。

（2）控球队员通过眼光、手势、声音等方式与跑位队员交流，并通过传球带动无球队员的跑位。

（3）无球队员根据平时训练的战术安排在控球队员得球后即开始跑位。

4.多变的行动

足球比赛的多变性决定了跑位必须具有多变性，无球队员必须根据场上出现的各种情况，及时地做出相对合理的决定进行跑位。

（1）传球后要立即跑位：控球队员在完成传球后就变成了无球跑位队员，必须立即跑位接应同伴或插上进攻，只有迅速地完成传、跑角色的转换，全队的进攻才可以保持高节奏和连续不断。

（2）隐蔽跑位的意识：当无球队员的跑位意图被防守队员识破后，跑位的作用和效果将会大打折扣，甚至于被防守队员断球造成进攻的不利。因此，无球队员应利用各种办法迷惑防守队员，隐蔽真实的跑位意图，最终造成边攻上的成功。

（3）知己知彼：比赛中无球队员应尽快掌握对手的情况，并根据自身的情况，充分利用自身的优势，造成防守队员的被动失误，实现自己的意图。通常从防守队员的体能、速度、力量、身体素质、意识水平及比赛经验等方面了解对手。

（4）能跑和善跑：能跑和善跑可以为进攻制造更多的机会，是保证高质量进攻的关键。

（二）传球

传球是指队员在比赛中有目的地把球踢给同伴或踢向预定的方位。

传球是构成全队进攻战术的基础，是组织进攻、变换战术和创造射门机会的重要手段，也是迅速逼近对方球门最有效的方法。

传球在比赛中表现的形式多种多样，其分类方法也各有不同。按传球的距离可分为短传（15米以内）、中传（15—25米）和长传（25米以上）；按传球后的状态可分为直线球和弧线球；按传球的高度可分为地滚球、低球（膝部以下）、平直球（膝部以上头部以下）和高球（头部以上）；按传球的目标可分为向同伴传球和向空当传球；按接触出球的状态可分为直接传球和间接传球。

虽然传球在比赛中有多种多样的形式，但构成战术因素的主要有以下几个方面：

1. 传球的目标

在比赛中，为了实现进攻的效果，向前传球和向空当传球是主要的，但是只有单一的向前传球和向空当传球容易被防守队员识破进攻的意图。传球必须是向前、向空当传球结合横传球和回传才能收到良好的进攻效果。另外，在有多名同伴接应的情况，应根据比赛和实际情况选择最有威胁的同伴进行传球。在比赛中，传球时应大胆和主动，而后场传球时则应该小心和谨慎。

2. 传球的时机

传球应及时，否则就会失去良机。传球的时机最好在同伴已经意识到，而且有可能占据有利位置时进行传球，也就是当同伴已经摆脱对手或同伴起动跑向空当时传球。传球早了，同伴没办法得到球；传球晚了，传球路线就会被对方堵死或者造成同伴越位。

3. 传球的力量

通常情况下，传球的力量应以接球同伴便于处理球为原则。向被防守队员紧逼的同伴脚下传球时，力量要稍大，使防守队员不容易抢断；向无人防守的同伴传球时，力量要适中，便于同伴处理球；向前传球时，应考虑同伴的速度，如果同伴的速度较快，则可传球力量大些，便于同伴发挥速度的优势。

总之，传球的目标、传球的时机和传球的力量是传球成败的主要因素，在这些因素中，任何一个因素的失误都可能造成传球的失败。

传球队员在传球时还应考虑以下几个因素：

（1）同伴的体能：如果接球同伴的体能下降，在传球时应多传同伴的脚下而不是向同伴身前的空当传球。

（2）场地条件：在场地条件不是很理想时，应减少传地滚球而多传空中球。

（3）自然条件：当顺风时，应适应地减轻传球的力量，在雨天或场地潮湿时进行比赛也应适当地减轻传球的力量。

（三）运球突破

运球突破在进攻战术中具有十分重要的作用。在比赛中，攻守双方处于相对平衡时，采用运球突破往往可以打破平衡起到意想不到的效果，但是不成功的运球突破不仅仅会造成进攻上的被动，更严重的是可能会影响到全队的团结。

比赛中，在以下情况下队员应大胆采用运球突破战术：

（1）当控球队员无人接应也不利于传球时，应大胆地运球突破创造射门或传球机会。

（2）当控球队员在对方的罚球区或接近罚球区时，应采用突破战术造成防守的被动。例如：防守方已布好了防守阵型，一对一紧逼进攻球员时，采用运球突破可以打破场上的攻守平衡，一旦突破成功，就可以在局部形成以多打少的局面。

（3）当防守方采用越位战术时，同时又没有同伴插上反越位，控球队员可采用运球突破战术。

（4）当控球队员面对最后一名防守队员，一旦突破即可形成射门时。

在运用运球突破战术时应注意：

（1）控球队员应随时观察场地的情况，主动地选择运球突破而不是被动地、盲目地运球突破。

（2）控球队员要掌握好运球突破的时机和距离，并随时将球控制在自己的范围内，做到能突破就突破，突破不成功也牢牢地控制住球。

（3）运球突破必须服务于全队战术，因此，控球队员在运球突破之后应及时地传球或射门，避免在运球突破之后拖泥带水而延误战机。

（四）射门

射门是一切进攻战术配合的最终目的，是进攻得分的唯一手段，也是足球比赛中最困难、最扣人心弦的环节。在现代足球比赛中，靠近球门区域往往防守人员多，拼抢凶狠，因此给射门带来了很大的困难。在这种情况下，进攻队员必须抓住瞬间即逝的射门时机，选用正确的射门脚法，做到射门突然、有力，使防守队员难以判断，才能达到破门的目的。

射门应注意以下几点：

1. 强烈的射门欲望

足球比赛中，除在前场射门得分外，在中、后场的远射和超远射门得分也屡见不鲜。这些远射和超远射门充分说明，队员只有具备强烈的射门欲望才可能得分。另外，射门机会的得到是来之不易的，是全队共同努力的结果。射门的成功与否关系到比赛的成败，也是由于种种的压力使得有的队员在该射门时选择了传球或突破，而错过了射门的最好时机。应该使队员明白，该射门时不射门是极大的错误。捕捉一切可能射门的机会是进攻的前奏，队员要敢于射门，要敢于承担射门不进的责任。

2. 良好的射门意识

射门前观察守门员的站位，选择最佳射门角度。一般情况下，守门员的位置在球门中央时，应射向球门的两个下角；守门员封位球门近角时，应向远角射，远射的力量要适中。射门的力量应根据离射门的距离来决定。远射时应强调力量，力量大才能起到迅雷不及掩耳的效果。随着射门距离的缩短，则应在保持准确的前提下，做到力量适当。在选择射低球和高球时，应尽量射低球。接平、高球时，守门员的下肢肌、腰腹肌可直接快速蹬地伸长发挥作用。接低球时，则要先移动重心，伸肌再发挥作用，所以要慢些。以上种种都是射门的意识。进攻队员只有具备了良好的射门意识，才能提高射门的成功率。

3. 扎实的基本功

射门时可以采用脚背正面，脚背内、外侧，脚内侧等多种踢球技术，无论采用什么样的踢球技术，都必须在平时的训练中反复锤炼，在比赛中才能运用自如。

七、整体进攻战术

整体进攻战术是指为完成进攻任务所采用的全局性的进攻配合方法。

一次完整的整体进攻由发动（开始）阶段、发展阶段和结束阶段构成。

发动（开始）阶段：当一支球队获得控球权即进入了发动阶段，一般指在本方半场开始的进攻。开始进攻的方式有两种：一种是快速攻击，另一种是逐步推进。当获得控球时，对方未能及时进行攻守转换，防守队员未能完全回到防守位置时，应采用快速攻击的进攻配合。在现代足球中，快速攻击的配合是得分的重要手段。当获得控球权时，如果对方退守较快或后防较稳固时，则应采取逐步推进的配合方式，放慢进攻节奏，寻找对方的弱点进行攻击。

发展阶段：一般指中场附近到对方罚球区附近的进攻。在发展阶段最强调的是控球权，控球权一旦丢失，就意味着进攻的结束。在全攻全守的足球比赛中，由于在发展阶段所有队员都已完全由防守状态转变成为了进攻状态，所以，在这时丢失控球权往往会使全队造成很大的被动。因此，在发展阶段要把握好进攻的节奏，有良好的进攻机会就快，没有良机就放慢进攻的速度，牢牢地控制住球。

结束阶段：一般指在对方球门前方30米左右的进攻。在这一阶段，防守人数较多，拼抢激烈，因此进攻中要有冒险精神。所谓的冒险就是只要在时间、空间上有一定的可能，就要敢于运球突破、敢于配合切入、敢于抢点、敢于射门，只有这样才能对对方防守造成威胁。不能要求这一阶段的传球、运球、射门都必须有把握取得成功。

在足球比赛中，不是每次进攻都包括发动、发展、结束三个阶段. 有时只有其中的一个或两个阶段。

全队进攻战术参与的人数较多，具体配合千变万化，但根据进攻发展的区域可分为边路进攻和中路进攻两大类。

(一) 边路进攻

边路进攻是指在对方两侧地区发展的进攻。边路进攻的特点是充分利用场地的宽度，拉开对方的防线，并且利用边路防守人数相对较少、空当较大的特点，突破对方的防线。但是，边路进攻直接射门的机会较少，所以威胁也相对较小。

在边路进攻中，最常用的战术配合是边路突破和传中。边路突破的方式常用的是：运球突破、二过一配合突破、交叉换位配合突破、插上套边配合突破。传中常用的方式有：外围传中、下底传中和下底回扣传中。

(二) 中路进攻

中路进攻是指在对方中场中路发展与结束的进攻。中路进攻的特点是进攻投入的人数多、射门角度大、得分机会多。中路进攻常用的配合方式有：运球突破、短传渗透和头球摆渡配合。一般情况下，在对方前场30米附近，一旦在中路夺得控球权，就应大胆地运球突破争取获得射门机会。而在自己中后场夺得控球权，则可以连续地运用短传配合，逐步向前推进，最终形成突破射门。但是，中路一般防守队员密集，突破难度大，所以在中路进行短传渗透时需要队员具有较好的个人技术和良好的进攻意识。头球摆渡配合大多都是后卫通过长传直接将球传到前锋所在的位置，利用前锋的身高优势进行抢点形成射门机会或者为同伴创造射门机会。这种进攻方式由于不通过中场，所以在进攻上具有较快和较大隐蔽性的优点，但是投球摆渡配合要求传球落点要准确、合理；争顶队员要适时到位，争顶要有力；插点、包抄的同伴接应要及时；这些环节要配合的丝丝相扣，不能有一点儿失误。因此，也使得头球摆渡配合的成功率相对较低。

八、防守战术

（一）个人防守战术

1. 回位跑

回位跑是指在比赛过程中本方球权丧失后，队员积极回跑至防守位置的战术。

（1）战术方法

由攻转守时，本方进攻队员要迅速回位，担负防守责任。回位时要注意观察对方进攻的人员位置、球的位置以及球门的位置。队员应就近及时防守，以减缓对方的进攻，为全队防守争取时间。

（2）友情提示

把握回位跑的时机。由攻转守的瞬间，丢球队员和邻近球的队员应积极防守，阻断或者延缓对方的推进速度，同时要注意边防边退。其他球员应迅速回防到自己的防守区域，并做好补位的准备。

确定回位跑的路线。足球比赛中，速度是决定比赛胜败的重要因素。由于球员在场上的位置不同，担负的职责也不尽相同，因此，他们回位跑的路线也就不一样。回位跑时，应选择最短的距离，以最快的速度回防，形成防守优势。

保持回位跑的队形。首先，队员要明确自己在场上的位置，确定好回位跑的距离。保持好原来的比赛阵型。其次，加强后卫线、中场和前锋线之间的联系。

2. 选位

选位是指防守队员在防守时选择占据合理防守位置的行动。

（1）战术方法

选位应在本方失球后快速回位，并站在对手与本方球门中心所构成的连接线上，随时观察对手和球的位置。与对手的距离要根据场区以及球所处的位置来决定。

（2）练习方法

结合位置的诱导性有球练习。在半场内全队按比赛阵型分别站好各个位置，一个人做多方向控制运球，各位置随球方向的变化做选位练习。

诱导性有球练习。在离球门16—20米距离内进攻队员做横运球，防守队员练习选位。

（3）友情提示

选位时要注意进攻队员所处的位置和重点区域内进攻队员的分布，还要弄清持球队员的位置和球门的距离。

球员的选位要随机应变，根据场上的形势变化，机动地交换防守任务，做好保护准备。

3. 盯人

盯人是指防守队员限制进攻队员进攻所采取的行动。

（1）战术方法

盯人分紧逼盯人和松动盯人两种。

紧逼盯人时，要做到向前可以抢断球，或不给对手处理球的机会，向后能抢先于对手得球或破坏对手接球；松动盯人时，要做到既能弥补邻近同伴的位置，又能防守对方向背后传球和对手切入背后。

（2）练习方法

无球结合球门的练习。两人一组，面对面站立，相距2米左右，一攻一守，进攻队员做摆脱跑动，防守队员做选位盯人练习。

一对一盯人练习。在半场内两人一组，进攻队员向球门做变向与变速运球，防守队员进行盯人练习。

练习在半场内进行。5名防守队员，1名守门员和4名进攻队员。开始时，每一个进攻队员都在防守队员的盯防下，然后，进攻队员利用个人技术突破、传球和跑位，尽量制造活动空间，破门得分。防守队员则练习对有球队员盯防，尤其对穿插球员的防守，培养防守队员的补位意识。

（3）友情提示

盯防时要注意对重点区域的防守。防守者之间合理分配防守任务，盯人者要紧逼对手，其他球员要做好保护与补位的准备。

加强对前插的无球队员的盯防。防守队员要准确地对无球跑动队员的意图做出判断，始终使对手处于自己的防守区域内。

4. 抢断

抢断是指将对方的传球截下来或破坏掉的战术行为。断球是转守为攻中最主动、最有效的战术行动。抢断是重要的个人防守技术，是个人防守能力的重要标志。

（1）战术方法

抢断时，身体重心落于两腿之间，与球和持球队员保持好距离，一般在2—3米之间。准确预测持球队员的意图和球的运行路线，先于对方传球前快速封堵球的运行路线，将球断下。

（2）练习方法

一对一抢断练习。在半场内两人一组，进攻队员向球门做变向与变速运球，防守队员进行抢断练习。抢断后，两者角色交换。

断球练习。每三人一组，两名进攻队员，一名防守队员。练习时，两名进攻队员相互传递球，防守队员把握好时机将球断下。

（3）友情提示

抢断时应把握恰当的时机。要先于对方传球前快速封堵球的运行路线，将球断下。

抢断时要做出合理的判断。首先，要准确判断持球队员的意图，其次要对球的运行路线做出预判。

抢断失败后，要积极回抢。

抢断成功后，要抓住时机，积极地发动反击。

（二）局部防守战术

局部防守战术是指两个或几个防守队员之间的配合方法，它是集体配合的基础。基本的配合形式有：保护和补位。

1. 保护

保护是指同伴紧逼控球对手时，自己选择有利位置来保护同伴，防止对手突破。

（1）战术方法

在防守中，防守队员之间必须相互保护，要根据球在场区的位置和当时的攻防局面来选择保护的距离和角度。如对方有策应队员，保护队员也应对策应队员施加压力。

当控球队员被同伴逼向外线，内线已被同伴封堵时，应撤到同伴的斜后方保护同伴。一名防守队员逼抢进攻队员时，另一名防守队员选择有利的位置加以保护。

当控球队员向内线运球时，应选择侧后方的位置。

如果不能判断控球队员被逼向内线还是外线时，保护队员应选择与紧逼队员呈45度角的有利位置站。

（2）友情提示

保护队员要给予对方策应队员足够的防守压力。

保护的球员只是对防守持球队员给予了保护，忽视了对重点区域的保护。

防守球员进行保护时，要加强对重要区域对方策应球员的盯防。

2. 补位

补位是指防守队员弥补同伴在防守中出现的漏洞时所采取的互相协助的战术配合行动。

（1）战术方法

补位有两种形式：

补空位：当后卫线队员插上进攻退守不及时时，其他同伴暂时补他的位置，以防对方利用这一空当快速反击。

邻近队员相互补位：当防守队员被进攻队员运球突破或进攻队员突然快速插入到防守队员背后时，同伴来不及盯防，邻近队员应及时补位。

（2）练习方法

二对三攻守练习。在10米×20米的场地上，当进攻者突破一名防守者时，临近的两名防守者之间进行补位练习。

（3）友情提示

防守队员被突破后应及时回追，或者在队友补防的情况下，要积极地协助其防守或者退守到重要区域。

补位时，应遵循就近原则，在第一时间内阻击对方的进攻。

3. 局部防守战术配合练习

局部防守战术是防守队员之间相互配合的一种防守方法，它是整体配合战术的重要组成部分，局部防守战术的质量对全队防守的成败具有直接的影响。局部防守战术配合有局部攻防人数相等配合、局部以多防少配合和局部以少防多配合三种。局部配合的关键在于，要以最快的速度在防守区域内形成尽量大的防守优势。在不能形成防守人数的优势时，防守队员要加强对持球队员以及对本方球门威胁最大的球员进行重点盯防。

（1）局部攻防人数相等配合

3对3防守练习，即3名防守队员，3名进攻队员。在15米×20米的区域内练习，3名防守队员紧逼进攻队员，防守时要重点封锁进攻队员的传球路线，加强对无球队员盯防。此外，防守无球队员的人要注意。

（2）局部以少防多互相配合

择对本方威胁最大的球员予以盯防，同时注意观察另外一名球员的位置和跑动路线的变化，根据不同的情况，及时准确地改变防守重心。

（三）整体防守战术

整体防守战术是指全队所采取的防守战术方法。

整体防守战术主要有盯人防守、区域防守和综合防守三种。

1. 盯人防守

盯人防守是指进攻队员跑到哪个位置，防守队员就盯防到哪个位置。盯人防守分为全场盯人和半场盯人。这种防守方法是对口盯人，分工明确，但体力消耗大，一旦被突破，很难补位，使整个防线出现很大漏洞。因此，在比赛中，单纯采用人盯人防守方法是不合理的。

2. 区域防守

当由攻转守时，根据场上位置的分布，每个防守队员负责防守一定的区域，当对方队员跑到本区域时，就负责盯防，离开这个区域，就不再跟踪盯防。这种战术较为省力，但是，对方可以任意交叉换位，容易造成局部以少防多的被动局面。因此，目前在比赛中已很少采用这种防守方法。

3. 综合防守

综合防守是指盯人防守与区域防守相结合的防守方法。综合防守是目前在比赛中普遍采用的一种防守方法，它集中了盯人防守和区域防守的优点。在防守中要求防守队员根据场上情况实施逼抢、盯人、保护与补位，以达到防守的目的。

第二节　足球运动竞赛组织、规则与裁判法

一、足球运动竞赛的意义和种类

(一) 足球运动竞赛的意义

足球运动竞赛可宣传我国体育运动的方针、任务，激励广大群众锻炼身体的热情，有利于推动体育运动的广泛开展，对增强人民体质、丰富文化生活、振奋民族精神具有重要意义。

足球运动是我国广大人民群众和青少年所喜爱的运动项目之一。我国每年都有成千上万的运动员参加各级足球比赛，比赛可以检查训练的成果，互相观摩学习，交流经验，取长补短，共同提高足球技术水平。

学校足球运动的开展，可以很好地丰富队员的课余文化生活，并且结合当前体育发展的趋势，体教结合，开创足球运动的新局面。

国际足球比赛的交往可加深同世界各国人民的相互了解，增进友谊，促进我国足球运动技术水平的提高。

（二）足球运动竞赛计划

足球运动竞赛计划是指为了实现某一个时期的竞赛目标，预先规划和拟订竞赛内容及步骤的文件，它是指导足球竞赛活动的依据。足球运动竞赛计划分不同的等级，制订竞赛计划时应依照上级有关的竞赛工作计划，再根据本地区或单位的实际情况制订各自的竞赛计划。制订足球竞赛计划应遵循价值性、可行性和可塑性等基本原则。

（三）足球运动竞赛的性质与种类

1. 足球运动竞赛的性质

从目前足球运动竞赛的性质来看可分为两类：一类是职业足球竞赛，如中国足球超级联赛、足协杯。其中中国足球超级联赛是我国目前足球俱乐部最高水平的比赛；另一类是业余足球竞赛，如全国、各省市大型运动会上的足球竞赛，青少年、儿童足球竞赛等。

2. 足球运动竞赛的种类

足球运动竞赛的种类比较多，它是根据不同的任务和目的来组织的。我国目前足球运动竞赛活动有全国足球联赛、邀请赛、选拔赛、锦标赛（杯赛）、表演赛（友谊赛）、冠军赛等。

（1）全国足球联赛：目的是提高我国足球的竞技水平，创造更好的社会效益和经济效益，同时根据比赛的成绩划分等级。例如，每年举行的中超联赛、甲级联赛和乙级联赛（预赛）都采用主客场制、双循环的竞赛方法。只是乙级联赛在决赛阶段采用集中赛制的方法进行。全年比赛结束后重新调整球队的级别，中超联赛的后几名降为甲级队，甲级队的前几名升为中超队伍，以此类推。

（2）邀请赛：近年来随着足球运动的发展，各级邀请赛比较多，有国际足球邀请赛，也有省、市之间邀请赛。这些邀请赛都是为了达到互相学习、增进友谊、共同提高的目的。

（3）选拔赛：选拔赛的目的是为选拔一支优秀队或选拔优秀运动员组成代表队参加某种比赛而举行的一类竞赛。

（4）锦标赛（杯赛）：锦标赛是为了检阅足球运动水平，推动足球运动的开展和培养后备力量，主办单位对优胜队奖以锦旗或奖杯的比赛。如每四年一次的"世界杯"足球赛，我国每年一次的"足协杯"赛等。

（5）表演赛（友谊赛）：表演赛是为互相观摩学习、增进友谊和团结、宣传和普及足球运动、丰富群众节假日的文化生活等目的进行的足球比赛。

（6）冠军赛：冠军赛是为了争夺某种范围的冠军，授予该竞赛冠军称号的比赛。

足球运动竞赛种类很多，不仅限于以下这些，还有足球协作区比赛等，有些还具有传统性。足球运动竞赛的种类还可以按参加者的年龄、职业、系统范围来区分，如各年龄级别的儿童、少年、青年足球赛，工人、农民、大队员、中小队员足球赛及军人足球赛等。

另外，根据足球比赛上场人数的不同，足球运动竞赛又有 11 人制、9 人制、7 人制、5 人制、4 人制、3 人制足球赛。

二、足球运动竞赛的组织工作

足球竞赛的主办单位应根据竞赛工作计划安排有秩序地进行工作。组织竞赛是一项比较复杂而细致的工作，涉及面广，它是决定竞赛能否顺利进行的关键，直接影响到竞赛任务的完成。

竞赛的组织工作可分为竞赛前的准备工作、竞赛期间的工作和竞赛结束的工作。

(一) 竞赛前的组织工作

这一阶段工作是决定竞赛能否顺利进行的关键。目的是为竞赛做好组织和物质准备，其主要内容是：成立组织机构 (竞赛委员会)、制订工作计划、讨论和决定组织方案、制定竞赛规程、研究制订竞赛计划及有关事宜。

1. 成立组织机构

在上级组织领导下，由承办单位负责组织竞赛委员会，领导筹备工作。竞赛委员会的机构根据竞赛规模大小和精简原则而定。

2. 制订工作计划

竞赛处的工作

(1) 编排比赛秩序册。编排时应注意：第一，采用淘汰制时，应避免种子队在第一、二场比赛中相遇；第二，采用循环制时，若参加队伍较多，可以比赛 2—3 天，休息一天 (每队每天比赛一场)。若分组循环比赛，强队应分配到不同的组中去，比赛顺序可由抽签办法决定。

(2) 分配和安排好裁判员及工作场地。

(3) 审查参加者的资格。

(4) 组织裁判员学习规则、裁判法，统一认识，统一执法尺度，进行分工、分组和实习。

(5) 根据计划要求，确定参加科研工作人员的人数和组织实习。

(6) 安排各队赛前和赛中休息日的训练场地、时间。

(7) 组织安排好部分比赛场次深入到工厂、部队、学校等单位比赛或表演。

（8）检查场地、器材和设备准备情况。

（9）制定竞赛须知。

（10）绘制各种表格。

秘书处的工作

（1）制订思想教育和宣传鼓动工作计划。

（2）制定竞赛工作日程。

（3）制定经费预算和生活管理制度。

组织医疗组、治保组

（1）比赛现场医疗保障。

（2）比赛相关区域突发公共事件医疗保障。

（3）后备定点医院保障。

（4）负责报批委员会的统一工作证件，指导协调赛区保卫工作。

3. 讨论和决定组织方案

根据上级组织下达的精神，结合承办单位、地区的具体情况确定竞赛的组织方案。如竞赛的规模、竞赛委员会的成员及其分工、明确各组的职责和注意事项、要解决的主要问题及此次大会的要求等。

4. 制定竞赛规程

竞赛承办单位根据上级组织的指示精神和此次竞赛的目的、任务制定竞赛规程。它是竞赛组织者和参加者进行工作的依据。

竞赛规程应提前发给有关单位，以便各单位做好参加比赛的准备工作，其包括如下内容。

（1）竞赛名称：根据竞赛目的、任务而定，例如 ×× 大学足球联赛。

（2）竞赛目的、任务：根据总的要求而定。例如为了检查训练工作、提高足球运动水平，选拔代表队等。

（3）竞赛日期和地点：根据采用的竞赛制度定出初赛、决赛的日期和地点。

（4）报名和报到日期：规定报名的资格、确定报名和报到的日期和地点。

（5）参加资格：根据竞赛目的、任务和性质而定，如球队的等级限制、队数、人数和年龄限制等。

（6）竞赛办法：规定所采用的竞赛制度（如淘汰制、循环制、混合制）、比赛规则（包括用哪一年的足球规则）和本次比赛的特殊规定（如替补队员人数）等。

（7）组织领导：根据上级指示，确定主办单位负责筹建组织机构。

（8）奖励方法：确定具体奖励方案。

(9) 抽签日期和地点：规定抽签日期和地点。

(10) 注意事项：运动服装的规定等。

5. 研究制订竞赛计划及有关事项

依据竞赛方案、竞赛规程规定的日期，各部门根据自己的职责范围拟订出具体工作日期计划，有计划地做好赛前各项准备工作。办公室 (或秘书处) 应定期检查准备工作落实情况。

(二) 竞赛期间的组织工作

(1) 组织裁判员对每场比赛进行工作总结，不断提高裁判水平。

(2) 对技术统计工作进行检查。

(3) 经常检查比赛场地、设备、器材。

(4) 遇有特殊情况需更改比赛场地、日期和时间时，有关部门应及时通知各队。

(5) 要加强宣传教育工作，做好观众的组织工作。

(6) 裁判组在每天比赛结束后，应及时将比赛成绩交大会竞赛处或宣传组进行登记和公布。

(7) 总务组应深入各队，了解其生活和交通安排情况，及时改进工作。

(8) 医疗组应充分做好准备工作，认真在比赛现场值班，及时处理伤害。

(9) 治安组应随时注意住宿及公共场所的治保工作。

(10) 秘书处应有人经常与各队取得联系，定期召开领队、教练、裁判员联席会议，及时处理和研究发生的有关问题。

(三) 竞赛结束的组织工作

(1) 做好总结工作，如裁判员工作总结、技术统计工作总结、大会各部门工作总结等。

(2) 组织领队、教练员、运动员、裁判员工作和训练经验交流会。

(3) 条件许可时，可组织各队参观游览，进行革命传统教育和爱国；主义教育。

(4) 组织技术总结报告会。

(5) 组织大会闭幕式、发奖，必要时安排冠、亚军进行表演比赛。

(6) 办理各队离开比赛地区的交通手续。

(7) 竞赛委员会结束工作，向上级汇报情况，送交各种总结材料。

三、足球竞赛规则

现代足球运动诞生时《足球竞赛规则》只有 14 条，随着足球运动的不断发展，国际足球理事会也在不断对其进行修订和补充。自《足球竞赛规则》最主要的一次增补、修订至今，国际足球理事会在过去的几十年内，多次对规则做了具有特殊意义的修订和补充。所有这一切，不仅是为了帮助在比赛场上执法的裁判员准确地执行规则，顺利地完成裁判任务，也是为了足球大家庭成员简化对《足球竞赛规则》的理解和认识。

足球比赛是严格按照《足球竞赛规则》进行的。所以，规则的改变在很大限度上决定足球技战术的发展方向。《足球竞赛规则》不仅是足球裁判员，也是教练员、运动员必备的学习、训练用书。只有认真地学习和理解规则，才能有效地促进训练和比赛水平的提高。

竞赛规则注解：在不违背规则的前提下，经国家协会同意，可以对规则某些条款做适当修改，以适应 16 岁以下比赛的运动员、女子足球运动员和 35 岁以上年龄及伤残人士参与的比赛。允许对以下各项做任意修改：球场的大小；比赛球的大小、质量及材料制成；两门柱间宽度及地面到球门横梁的高度；比赛时间；替补队员人数。对于裁判员、助理裁判员、运动员和官员来讲，男子足球的竞赛规则同样适用于女子比赛。

（一）比赛场地

1. 场地

（1）一般比赛场地

场地是长方形，边线的长度必须长于球门线的长度。长度（边线）：最短 90 米，最长 120 米。宽度（球门线）：最短 45 米，最长 90 米。

（2）国际比赛场地

长度（边线）：最短 100 米，最长 110 米。宽度（球门线）：最短 64 米，最长 75 米。世界杯决赛阶段比赛场地为长 105 米，宽 68 米。

（3）草坪

根据竞赛规程规定，比赛可以在天然或人造草坪上进行。人造草坪的颜色必须是绿色。

在代表国际足联所属国家协会球队或国际俱乐部之间比赛使用的人造草坪，质量必须符合国际足联的相关要求。经国际足联特许批准使用的人造草坪除外。

（4）地面

球场地面必须平坦，硬度合适，以不伤害运动员和不影响球的正常运行为原则。

2. 场地标记

(1) 比赛场地必须是长方形，并且用线来标明。这些线作为场内各个区域的边界线应包含在各个区域之内。所有线的宽度必须一致，不能超过 12 厘米。球场各线颜色须清晰，与地面平齐，不得做成 V 形凹槽或高出地面的凸线。

(2) 两条较长的边界线称为边线，两条较短的边界线称为球门线。

(3) 比赛场地被中线划分为两个半场，该中线与两条边线的中间相连。

(4) 在场地中线的中点处做一个中心标记，即开球点。以距中心标记 9.15 米 (10 码) 为半径画一个圆圈，即中圈。

(5) 在比赛场地外，距角球弧 9.15 米且垂赢于球门线和边线处做标记，以保证在踢角球时，守方队员在那个区域能遵守规定的距离。

(6) 从距每个球门柱内侧 5.5 米处，画两条垂直于球门线的线。这些线伸向比赛场地内 5.5 米，与一条平行于球门线的线相连接。由这些线和球门线组成的区域范围是球门区。

(7) 从距每个球门柱内侧 16.5 米处，画两条垂直于球门线的线。这些线伸向比赛场地内 16.5 米，与一条平行于球门线的线相连接。由这些线和球门线组成的区域范围是罚球区。每个罚球区内与球门柱之间等距离的中点 11 米 (12 码) 处设置一个标记点，即罚球点。在罚球区外，以距每个罚球点 9.15 米为半径画一段弧，即罚球弧。

(8) 在比赛场地内，以距每个角旗杆 1 米为半径画一个四分之一圆，即角球弧。

3. 球门

(1) 在两个球门线的中央，必须放置一个球门。两门柱之间的距离是 7.32 米，从横梁的下沿至地面的距离是 2.44 米。

(2) 球门柱和横梁必须用木材、金属或其他被批准的材料制成；其形状可以是正方形、长方形、圆形或椭圆形；其宽度和厚度应与球门线相同，且不超过 12 厘米。颜色必须是白色的。

(3) 球门网可以系在球门及球门后面的地上，并要适当地撑起以不影响守门员活动范围。

(4) 球门必须牢固地固定在地上，符合这个要求才可以使用移动球门。

(二) 球

(1) 球应为圆形；用皮革或其他适当的材料制成；圆周不长于 70 厘米，不短于 68 厘米；质量在比赛开始时不多于 450 克，不少于 410 克；压力在海平面上等于0.6—1.1个大气压（600—1100克／平方厘米，8.5—15.6磅／平方英寸）。

（2）在国际足联和洲际联合会主办的正式比赛中，允许使用的球应具有下列三种标志之一：

①正式的"国际足联批准"标志；

②正式的"国际足联监制"标志；

③"国际比赛球标准"标志。

（三）队员人数

（1）一场比赛应有两个队参加，每队上场队员不得多于11名，其中.必须有一名守门员。任何一队少于7人，则比赛不能开始。

（2）在由国际足联、洲际联合会或国家协会主办的正式比赛中，每场比赛最多可以使用3名替补队员。

（3）其他所有比赛，只要符合下列条件即可增加替补队员数量：

①双方关于替补人数达成一致意见；

②比赛前通知裁判员。

如果赛前没有通知裁判员，或双方未达成一致意见，替补队员不能超过6名。

（3）任何场上队员都可以与守门员互换位置，并规定：

①互换位置前通知裁判员；

②在比赛停止时互换位置。

（四）队员装备

（1）队员不得使用可能危及自己及其他队员的装备或任何物件，不得佩戴任何形式的饰物。

（2）队员必需的基本装备是：

①有袖子的运动上衣（如果穿内衣，其袖子的颜色应与运动上衣袖子的主色相同）；

②短裤（如果穿内裤，必须与短裤的主色同一颜色）；

③护袜；

④护腿板；

⑤足球鞋。

（3）服装颜色要求

①两个队着装颜色必须有别于对方和裁判员及助理裁判员的着装颜色；

②每名守门员的服装颜色必须有别于其他队员、裁判员和助理裁判员

的着装颜色。

（五）如何理解裁判员的判罚尺度

1. 如何控制比赛

要准确地把握"规则精神"、保证比赛在公平合理的主客观条件下进行，尽可能地保护运动员的身体健康，最大限度地防止和处理运动伤害。

（1）掌握判罚的"有利原则"

在足球比赛中，有时会出现对犯规队员的判罚反而使他们获得利益的现象，所以规则中就有了"避免做出裁判员认为反而使犯规队有利的判罚，这样的条款，要求裁判员在这时要做到，主观和客观上都体现公正的判罚。

（2）保护双方队员

这主要说的是：裁判员对场上运动员所做的动作必须有一个准确的判断，判断的前提是对双方运动员的身体健康是否有伤害，如果有就判罚。

（3）保证比赛进程

这主要说的是：裁判员判罚的适度性，就是要求裁判员根据场上的形势灵活运用规则，不该判的不判、不该罚的不罚、该快判的快判，从而使比赛的进程符合运动员和观众的情绪。

2. 如何控制场上气氛

（1）双方心态平和时

这时候裁判员应该把握这样的尺度：在保证比赛正常进行的前提下，鼓励双方运动员充分发挥自己的技战术水平，对一般性、无意、轻力量、不会造成伤害的动作不予判罚，即比较宽松的尺度。

（2）双方心态失衡时

显而易见，这时候裁判员应该把握严格的尺度：对出现的犯规动作一律判罚，并对有伤害可能的动作从重判罚。注意不给双方队员火上浇油，而是洒水降温、喷泡沫灭火，保证比赛的顺利进行。

（3）一方心态失衡时

在强队久攻不下、成胶着状态，双方同一水平，某一方落后等情况下，一方心态失衡时，裁判员应把握这样的尺度：对心态失衡的一方稍松一些，而对另一方则严一些，尤其是对另一方拖延时间的行为要严格判罚。

3. 如何识别队员的动作

（1）根据球的位置

防守队员的动作目标是否是球、防守队员能否接触到球、防守队员抢球过程中能否先接触到球；进攻队员是否控制球、是否为了保护球等。

（2）根据队员的动作

动作的指向是球还是人、是勇敢动作还是野蛮动作、动作力度正常还过量、被接触队员的身体平衡能否保持、动作是否有可能伤及对方等。

（3）根据球的去向

经过接触后球向什么方向运行、接触前球在什么位置（指球与身体的关系）、可能用什么部位接触球并使球向什么方向运动等。

（4）根据队员的身体语言

队员控制球（或抢球）前的身体表现：疯狂与积极、猛烈与快速、恶意与善意、不顾后果与留有余地等。

除上述外，主要还是通过多看比赛，多分析比赛，并且多进行足球技战术的实践来提高识别能力。

四、裁判员的执法解读

（一）裁判员的跑动和选位

1. 裁判员的跑动与选位的重要性

现代足球运动的不断发展就会使裁判员的工作提出的要求更高，所负的责任也就更为突出。裁判员为了保护运动员身体健康，使双方在同等条件下进行比赛，促进技战术的发展，使比赛精彩、流畅、具有观赏性，裁判员必须提高判罚的准确性及控制比赛的能力。积极地跑动和恰当地选位正是达到上述要求的不可缺少的重要条件之一。

2. 裁判员跑动的原则、要求和方法

（1）裁判员跑动的原则

一般情况下，裁判员应处于球的左后侧方10—15米，并始终将球和助理裁判员放在视线内；不影响运动员的跑动和技战术水平的发挥。距离比赛的焦点近，选好观察角度；快速通过中场。

（2）裁判员跑动的要求

现代足球朝着技能、体能和心智能等全面发展的方向前进，而片面强调技能或体能的时代已经结束。攻守平衡、整体而快速的攻守，是现代足球运动的发展趋势之一。这种"快"对裁判员的执法工作提出了更高的要求，它要求裁判员在跑动时必须做到耐力好、速度快，具有预见性。

耐力好。足球比赛场地大，比赛时间长达90多分钟。研究表明，在一场足球比赛中裁判员整场比赛的跑动距离大约在：8000—10000米，这就表明裁判员要完成一场比赛的裁判任务必须具有良好的耐力基础和身体素质。

裁判员不光要具有一般耐力之外，还必须要具有足够好的速度耐力，因为现代足球比赛双方攻守转换快速频繁，这样就会需要裁判员不断地冲刺，所以没有良好的速度耐力是难以紧紧跟随球的发展变化的。另外在紧张而激烈的比赛中裁判员很容易产生疲劳，导致注意力的分散，从而影响对比赛判罚的准确性。

速度快。现代足球的最大特点就是"快"。运动员比赛时的跑动速度及比赛中双方攻守转换速度的加快，致使双方激烈争夺，犯规次数升高，对裁判员速度的要求也就会更高。如果裁判员不具备良好的速度素质，比赛中不能随时跟着球的发展变化而变化，就会造成在关键时刻或关键问题上出现下面问题，产生不必要的一些纠纷问题，影响比赛进行。

预见性。在比赛中裁判员是跟不上球的速度的，因为裁判员的跑动是根据球的移动而变化的，所以他是被动的。裁判员怎么才能变被动为主动，这就要求裁判员提高准确的预见性，也就是说裁判员要预见球的所要到的位置，提前跑位。这样就可以弥补速度慢的缺点，使裁判员的跑动就可以变被动为主动。

（3）裁判员跑动的方法

裁判员的跑动方法可分为很多种包括（正面跑、倒退跑、侧向跑）。不管裁判员采用哪种跑动方法，其基本的要求是始终面向球，因为比赛双方队员争夺的焦点是球。在一般情况下，裁判员在球的进攻方向后面时采用正面跑；裁判员在球的进攻方向前面时采用倒退跑；裁判员在球的进攻方向侧面时采用侧向跑。由于场上情况变化无常，裁判员的跑动方法也要随之变化。

现如今，国内外均采用对角线裁判制。对角线裁判制是沿球场的对角线方向活动，但并不意味着裁判员的活动不能离开这条线，而是应根据不同情况采用不同的跑动路线。根据跑动路线的不同，可以归纳为四种：大 S 形跑、跟踪跑、小 S 形跑和直线跑。

①大 S 形跑。这种跑动路线使裁判员保持在球的左侧后方，与助理裁判员保持密切的联系，球在进攻方向的左侧发展时能与球保持较近的距离。采用这种跑动路线，一般情况下先向前插入不多，所以裁判员基本上不会影响运动员的活动和传球路线。但当某队快速反击时，裁判员往往距球较远。球在右边发展时，裁判员向右路靠近较少，因此往往距球较远，一旦在右路判罚犯规后不易及时到位。目前这种跑动路线基本上不被采用。

②跟踪跑。这种跑动没有固定的路线，裁判员是以球为中心进行跟踪，它的最大优点是始终与球保持较近的距离。但当球由右路向左路转移时，判员不能始终面向助理裁判员并保持与助理裁判员的联系，有时也容易影

响队员的活动和传球路线。这种跟踪跑对体力要求相当高，因此采用不多。

③小S形跑。这种跑动路线使裁判员与球保持较近的距离，球在中路或右路发展时能在球的左侧后方保持与助理裁判员的联系，球在左路发展时裁判员往往背向助理裁判员。采用这种跑动路线，裁判员可根据球的发展提前插到其运行的前方，球发展到罚球区内能及时跟上。采用小S形跑比较节省体力。

④直线跑。这种跑动与小S形跑大体上相似，由于它基本上是在两个罚球区之间的直线活动，对左右两路都保持较近的距离，因此，对左右两路的情况观察较清楚，判罚能及时到位，避免不必要的纠纷。由于是在两个罚球区之间活动，因此，裁判员就能把握罚球区内的判罚。直线跑较节省体力，但球在左路发展时，裁判员往往背向助理裁判员。

现代足球运动对裁判员跑动提出了更高的要求，但是由于裁判员的年龄、身体及训练水平始终与运动员存在一定差距，因此，从足球运动发展看，小S形跑和直线跑是比较适宜的，采用也较多。

各队都有自己的技术风格与战术特点，有一定的应变能力，他们往往在比赛中根据不同对象改变自己的打法。因此，裁判员不能一成不变地采用一种跑动路线来执行一场比赛，裁判员也应具有应变能力，根据不同的打法与特点，采用不同的跑动路线。例如：某队采用长传为主的打法时，裁判员可采用直线或小S形跑；某队采用以短传为主，稳扎稳打，层层推进的打法时，裁判员可采用跟踪跑等。总之，裁判员的跑动路线也要随着实际情况而有所改变。

裁判员在选用跑动路线时应考虑到场地、气候情况及本人体力状况而有所变化。如果气候炎热、比赛场地地势高（高原）、裁判员体力差，则应采用较为节省体力的跑动路线。

（4）裁判员的选位

裁判员具有预见性就可以紧跟球的发展，与球保持适当的距离，但这不等于裁判员就能看清楚双方队员的动作。在比赛中经常出现这种情况，有时观众在看台上看到运动员的犯规动作；而裁判员却没有看到。裁判员与运动员的距离比观众与运动员的距离近得多，为什么看不到呢？显然，这主要是裁判员所选择的位置不当，由于与双方队员的位置重叠，而影响裁判员的视线。这说明裁判员不仅要与球保持适当的距离，更重要的是选择好位置。

①裁判员的选位

裁判员的选位要做到：一快、二勤、三防止。

一快：裁判员反应要快。

二勤：裁判员脚步移动要勤。

三防止：裁判员在移动中要防止与双方队员位置重叠。

②裁判员在"活球"时的位置

比赛应该在裁判员和比赛时球所在半场的助理裁判员的控制之下进行。比赛时，球所在半场的助理裁判员应在裁判员的视野之内，裁判员应采用大对角线跑位法。选择距球稍远的位置有利于轻松监控比赛，并将助理裁判员放在视野之内。裁判员在不干扰比赛的情况下尽可能接近并观察比赛的发展。需要裁判员观察的情况并不总是发生在球的附近，因此裁判员应该注意：

个别队员的挑衅引起突发事件并不一定在球的附近；当比赛向某一区域发展时应注意周边可能发生的犯规情况；犯规发生在球被争抢队员踢到一边之后。

(二) 裁判员的哨声和身体语言

1. 哨声

需要鸣哨的情况包括以下几种：

(1) 比赛开始（上、下半场）及进球后；

(2) 停止比赛（判罚任意球或罚球点球，比赛需要暂停或中止，当一段时间的比赛应该结束时）；

(3) 恢复比赛（踢任意球时裁判员组织人墙以后，罚球点球，对不正当行为出示红黄牌后，队员受伤，替换队员）。

不需要鸣哨的情况包括以下几种。

(1) 停止比赛时为了示意（球门球、角球、掷界外球及进球）；

(2) 以任意球、球门球、角球及掷界外球恢复比赛。

过于频繁、不需要的哨声将会减小在需要哨声时的作用。当可以不用鸣哨恢复比赛时，裁判员应该清楚地告诉队员只有他给出信号后比赛才能恢复。

2. 身体语言

身体语言可以当作裁判员工作的一个手段使用：

(1) 帮助裁判员控制比赛；

(2) 显示裁判员的权威和自控能力。

身体语言不是用来解释他的判罚决定的。

第三节　赛期内的准备

　　足球比赛既是双方球员实力的角逐，又是双方教练员控制比赛过程能力的较量。比赛的胜负一方面取决于竞技能力的优势，另一方面取决于竞技能力在比赛过程中的转化结果。把握这一转化过程体现了教练员控制比赛过程的能力和艺术水平。教练员若想有效地驾驭整个比赛过程，使本队竞技能力淋漓尽致地得以展现并转化为胜利成果，其卓有成效的比赛指导工作是关键的一环。在许多重大比赛中，教练员由于指导得法而"扭转乾坤"，或因指导失策而"功亏一篑"的无数事实充分证明了这一点。因此，教练员必须具有高超的指导比赛的能力。赛前准备工作、赛中临场指挥和赛后总结是比赛期间教练员的主要工作内容。

　　赛前准备是有效控制比赛的基础。比赛作战方案的正确制定、比赛中战术运用的合理性，首先取决于对与比赛有关的各种信息的了解和赛前的精心筹划。唯有如此，教练员才有可能对影响比赛效果的所有因素进行全面、认真的分析，尽可能利用一切有利因素，并采取有效措施，从心理、身体、技战术上把全队的力量协调起来，为赢得比赛胜利创造一个坚实的基础。

一、信息收集

　　知己知彼，百战不殆。赛前全面细致地了解与比赛有关的各种信息是正确制定作战方案的基础，也是取得比赛胜利的重要前提。

　　收集信息的过程主要有以下三个方面。

　　（一）回顾

　　回顾和总结与参赛对手过去相遇过的情况，尤其是参赛对手近期比赛情况。认真回顾和总结多次相遇的经验、教训，这些都是十分宝贵的信息资料。

　　（二）走访了解

　　走访的对象，一是知情者，二是与自身有利害关系者。在向他们索取信息时，应全面、客观地掌握和运用这类信息。

　　（三）赛前观察

　　赛前观察指比赛前数周内，教练员对比赛对手、比赛环境等情况进行直观了解。这种信息相对真实、客观。

赛前信息收集的重点内容如下。

(1) 比赛环境

诸如场地、气候、交通、食宿、观众等方面的情况。

(2) 竞赛规程

对日程安排、比赛时间、场地、替补人数、分组等因素和规定进行认真分析。

(3) 对手信息

切实了解对手的比赛风格、比赛基本阵容、技战术水平及攻防技战术打法特点、核心队员特点、队员的伤病情况等。此外，还应了解和掌握比赛对手教练员的情况，包括个性特征、指挥经验与能力、在队中的权威性，以及协调队内外关系的能力等。

(4) 本队信息

全面了解和掌握队员对比赛的态度、信心、责任感，尤其是主力队员的身体状况、伤病、竞技状态等情况。

(5) 裁判员信息

球队是不能左右裁判员的，但对该场的裁判员和助理裁判员的执法水平、判罚特点、习惯及心态等应予以掌握和分析，以便告诫全队更合理地利用规则进行比赛，以赢得裁判员为本队取胜创造良好的前提。

二、分析比赛、研究对策、决定方案

正确的决策来自正确的判断，正确判断的基础在于对自己和对手的全面了解及对各种情况的认真思考和分析。实践证明，认真全面地分析比赛形势和各种利弊因素，对正确制定比赛方案尤为重要；正确的决策往往可以决定一场实力相当的比赛的结果，甚至出现以弱胜强或比和实力明显高出一筹的对手。因此，教练员应在全面、准确了解比赛双方的各种信息的基础上，将本队与对手的实际情况进行认真细致的对照分析，从而正确估计本队与对手的竞技实力。既要看到自己的优势和对手的不足，又要清楚地知道自己的不足和对手的长处，摆正位置，不盲目乐观。通过对双方竞技实力及影响比赛胜负的各种因素的细致分析，教练员应制定出具体可行的对策，确定相应的比赛目标、战术对策及最佳上场人选。

在分析比赛、研究对策过程中应注意以下几点。

（一）客观分析、实事求是

应从本队和对手的实际出发，正确估计彼此的竞技实力，制定符合本队实际的作战方案，绝不能违背客观事实，有意夸大实力或为引起队员重视将弱队对手说成强队。

（二）避实就虚，弱中找强

面对强队，既要承认对手的优势也要看到它的不足之处，要避实就虚，攻其不足，达到以弱胜强的效果。遇到弱队，则应发现其长处，并加以重视，采取措施，以防万一。

（三）扬长避短，有备而战

在认真分析对手战术特点的基础上应看到自己的有利条件，相信自己的实力，增强自信心，并充分利用自己的优势，扬长避短。对任何对手，在战略上要藐视对手，在战术上要重视对手，绝不可以掉以轻心。应预想到比赛中可能出现的情况或遇到的问题，并提出解决这些问题的对策，做到有备而战。

（四）周到细致，准备充分

足球比赛千变万化，难以预料。比赛的胜负虽然取决于实力的对比，但绝不能忽视临场发挥的效果和难以预料的偶然因素。因此，赛前分析应周到细致，准备充分。对影响比赛结果的一些变化应充分估计，并提出各种应变措施，避免出现由于场上变化而造成措手不及的情况。

（五）有的放矢，知人善任

根据比赛对手的实力和特点确定比赛阵容及比赛阵形，做到知人善用，尽力发挥队员个人的特长，调动全队的积极性。

（六）以我为主，确定作战方案

作战方案一旦确定，应及时进行有针对性的模拟训练。通过训练，发现问题，调整队员，完善打法，使制定的作战方案更加符合比赛实际。

三、开好准备会

任何球队都不会打无准备之仗。准备会就是战前做好充分准备的一种形式。准备会的目的是振奋精神，统一认识，明确打法，充满信心地迎接即将到来的比赛。

（一）准备会内容

（1）做好心理准备，明确比赛的目的、任务，树立争取胜利的荣誉感和责任感；强调团结一致，努力拼搏，胜不骄，败不馁，发扬勇敢顽强的战斗作风，力争打出风格，打出水平。

（2）介绍比赛双方的信息，分析对手的优势劣势，如对双方赛前形势的分析、双方实力的对比分析等。

（3）布置战术打法，明确战术重点，交代比赛细节：如何进行攻、防及攻防重点；任意球、角球、罚球点球战术及主罚人选；准备活动时间及注意事项；对核心队员的特殊要求；对替补队员的要求等。

（4）宣布上场队员名单。

（5）对异常情况的发生需要有所准备：如果先失球或先胜一球，10人对11人或11人对10人，则如何作战；如果核心队员意外受伤下场。打法和阵容如何调整等，应使全体队员有一个良好的心理准备。

（6）客场作战应注意的问题等。

（二）准备会的要求

（1）应充分让队员放下包袱，树立信心，全身心投入比赛。

（2）教练员的语言应具感染力，并富有幽默感和趣味性。

（3）准备会应简练、明确，时间不宜过长，一般以1小时为宜。

（4）应在充分准备和听取有关人员意见后，经集合决策后再召开准备会。

第四节　赛期的营养

在某些运动领域，运动员的膳食遵循传统膳食结构，足球运动便是如此。在要求不是很高时，比赛日可以吃牛排，同时避免饮酒（尽管这种方法已经有些过时了）。大体上来说，足球运动员的膳食结构与其他领域的运动员并无不同，运动营养书籍介绍的营养知识也适用于足球运动。从这种角度出发，并不存在专门的足球运动营养，我们在此讨论的是适合真实训练情景及比赛条件的最佳膳食结构。此外，使用替代的营养补充剂（复方用药）并不少见，但是显而易见，这种方法并没有意义。从根本上来说，足球运动并无特殊之处。因为与其他（耐力）运动相比，足球运动能量代谢适中，虽然营养需求结构较为复杂，但是不会因个体状况不同而对其营养摄入有极端要求。因此显而易见的是，不需要为了满足运动员的能量需求而进行营养素补充，即使赛季中比赛频繁时也不需要这样做。

但是，足球运动员的能量需求确实是日益增加的。每日训练一次时，日均能量消耗在1000千卡以上，如果每日训练两次，能量消耗也会加倍。这意味着，一名年轻的，体重75公斤的男性运动员，每日需要消耗3500—4500千卡的热量。足球运动是否会提高运动员的基础代谢率，目前还不清楚，如果运动员的基础代谢率提高，则其能量需求也会更高。从其他运动的迹象来看，这种现象是不可能的。在训练及比赛期间，主要由碳水化合物燃烧供能，脂肪燃烧供能要少得多。为了维持肌肉结构（不仅包括肌纤维，也包括酶组分）的稳定性，必须保证蛋白质（或蛋白质的组成成分——氨基酸）的充足摄入。低钠血症（血液中钠浓度低）较为危险，可由比赛期间饮水过多导致，但在耐力性比赛中相对罕见。低钠血症在足球运动领域很少构成威胁，因为运动员摄入过量水的可能性很小。

如果力量训练会增加肌肉，那么应该适当增加蛋白质的摄入。应该指出的是，一般的欧洲中部和西方饮食都可以满足这一要求，只要摄入量与热量需求一致即可。对于（最佳）营养素摄入组合而言，普通人群的"健康营养"建议也适用于运动员。

在此，我们给出一条关于水分摄入的实用建议：摄入的水分越多越好。肾功能正常的运动员在日常生活中很难摄入过多的水分，而且在实际生活中，人们的水分摄入通常是不足的。足球运动员在正常的训练日，每日可以安全饮用至少3升的水。

一、赛前营养

鉴于足球运动的动态性，在比赛或训练前3—3.5小时进餐最为合理。只要膳食中不含有过多的脂肪，在这段时间内运动员的胃部就可以完全排空。运动时，完全排空的胃活动性降低，所需供血少，与活动肌肉的竞争下降，此时出现胃痛的可能性也较小。目前，在决定训练或比赛前多长时间进食时，越来越多地以运动员的消化能力作为准则。赛前进食的主要目的不再是储存能量物质（如糖原），而是为了在训练或比赛中不降低运员的表现水平。

此阶段的饮食最好含有单糖和多糖的组合物，以便维持运动员的血糖水平，又不至于产生剧烈的血糖波动（血糖浓度突然增高时，可能引发体内的反馈调节机制）。高脂饮食是不合适的，因为脂肪会在胃里停留很长时间；同样的，柑橘类的水果也不适于在此时食用，因为其中的果酸可能会阻碍消化过程。熟香蕉、干点心（大理石纹奶油蛋糕：马德拉蛋糕）、面包以及市售的能量棒和能量胶耐受性较好，通常比较适合。

比赛期间，运动员主要通过出汗进行温度调节，因此注意体内的水分平衡也是十分重要的。赛前几小时应补充充足的水分，只有在最后的1—1.5小时，应注意水分摄入最好不超过每小时1品脱（约0.57升），以免在比赛过程中产生尿意。当然，具体的时间还应该根据运动员自身的特征确定。在比赛前最后一个小时内，适合的饮品为轻碳酸饮品、果汁汽水（至少1：2稀释果汁）及运动饮品（不一定是等渗的）等。含有咖啡因的饮品可能具有一定的刺激作用。如果运动员长期在赛前饮用浓缩咖啡或现磨咖啡等，很可能带来一些负面影响（如头痛等）。大体上来说，咖啡因是一种利尿剂，最好的情况下对体内水平衡不起作用，大部分情况下不利于维持水平衡状态。

二、赛中营养

在比赛期间，不管是在间歇时、运动时还是中场休息时，食物的摄取和消化都更为重要。比起固态食物，饮品更适合于此阶段，因为饮品在胃内停留的时间短，还可以补充运动时出汗及粗重呼吸（呼出的气体中水蒸气的含量高于吸入气体）造成的水分流失。一般来说，食用少量的固体食物，运动员还是可以耐受的，如市售的能量棒、能量胶、干点心及水果干等。在此阶段，个人经验要比营养科学理论重要得多。

运动过程中必然会有水分流失，从本质上来讲，赛中营养的主要目的就是尽可能补充运动中流失的水分，同时为运动员补充一定量的碳水化合物。但是期望通过赛中营养补全运动中消耗的营养素是不太现实的。但是通过食物补充一定量的碳水化合物，可以减少肝脏和肌肉的糖原分解。实践得出的经验性规则为饮品的合糖量不宜超过8%（即1升的液体中，碳水化合物含量应少于80克）。果汁的含糖量大约在10%—12%，因此应根据含糖量适当稀释后再饮用。为了确保液体留在体内，每升饮品中应加入1—3克的钠以保证其渗透压。

三、赛后营养

比赛结束后，应注意补充水分、补充糖类，使机体重新合成糖原。最好在比赛后的最初2—3小时内进行补充，应该注意的是酒精可以减慢补充

过程（酒精加速液体排出，同时降低肌肉组织吸收碳水化合物的速率）。除此之外，咖啡因也不利于补充水分。运动员的消化率和胃的充盈状态不再重要，因为比赛结束后通常要间隔一段时间才会继续下次训练或比赛。

因此，在此阶段，运动员可以充分饮水，也可以吃富含碳水化合物的食物，但仍不应该吃脂肪含量高的食物。出于实际应用的角度（在体育馆内准备食物通常比较困难），可以用浓缩食物代替，但是常规食物也是符合要求的。在一场激烈的比赛中，运动员的能量消耗通常也不会高于 1500 千卡，因此符合要求的代替食物还是不难找到的。

第五章　足球运动的伤害与防护

第一节　足球运动中的医学检测

一、心血管系统

在媒体报道中偶尔可以读到某位著名的球员猝死的新闻。其猝死的原因可能多为先天性心脏病（先天性心肌病最为常见），但也不能排除由于感染或传染性疾病在全身扩散后恢复不完全导致的心肌炎。如果可以把相关的体检项目加入专业俱乐部的常规体检中，就可以避免此类悲剧的发生。但是，总体而言，对于多数运动员来说，进行此类的运动适应性的医学检查，花费太过昂贵。

德国足球协会在2012年发布的最新的指南中，根据危险程度（女性运动员危险性明显较低，但风险会随着年龄的增长而升高）将运动适应性检查分为三部分。

（1）甲级男子职业联赛中，运动员的体检项目应该包含一套完整的、非侵入性的检测，即应该包括详尽的医疗疾病史、体格检查、静息状态及运动状态的心电图、血压检测、实验室检查和心脏超声诊断。

（2）在第三级别联赛、地方联赛或甲级女子职业联赛中，超声心动图及某些实验室检查可以不包含在常规体检内。

（3）青少年训练中心或青少年职业足球联赛中，常规体检只需包含医疗疾病史、体格检查、血压检查和静息心电图。这种常规体检方案遵从欧洲心脏病学会给出的综合性建议，超过了美国心脏协会给出的最新体检建议的范畴。

根据检查结果，可以进一步进行其他检查。

预防性的医学检查应该能够尽早地发现某些危险性疾病的早期特征。这些特征最好在第三类体检项目中就被发现。这些早期特征应该包括某些可疑症状（例如无原因的昏厥、心悸、胸痛、劳累时呼吸急促）、医疗疾病史信息（如某些遗传性疾病、近亲中有人因心脏原因过早死亡）、听诊时的异常发现（心脏杂音）、不正常的心电图或过高的血压。如果发现异常特征且怀疑由心脏问题引起，下一步的检查项目通常为超声心动图，因为超声心动图相对普及、安全，而且是非侵入性的。这也说明，通过体检发现某

些特征后，再进行超声心动图的检查是较为合理的。

同样的，如果怀疑患有冠心病，则应进一步进行运动状态的心电图检查。怀疑为冠心病的患者，在运动状态下会有典型的疼痛（心绞痛）或明显的心电图改变。但是心律不齐（表现为心悸）的患者的运动状态心电图也可能有异常表现。因此，运动状态心电图异常不代表患者一定有冠心病，也可能患有其他类型的心脏疾病。

实验室检查的作用通常是发现心血管系统疾病的危险因素（如血脂检查等），同时也可以发现某些器官功能缺陷或疾病（如肾脏疾病或糖尿病等）。通常除检查是否感染外，实验室检查很少用于发现直接的疾病危险。

对于那些低级别联赛的足球运动员，常规体检中是不包含运动适应性的检查的。因此，如果在常规体检中发现异常，强烈建议进行相关的运动医学检查。由于心血管系统疾病的风险随着年龄的增长而升高，因此在足球大师赛（通常参赛队员在35岁以上）中，预防性的医学检查是十分必要的。

二、肌肉骨骼系统

与内部器官疾病（心血管系统疾病）相似，运动适应性检查同样需要检查肌肉骨骼系统是否有既往或当前的不适及损伤。在肌肉骨骼系统疾病或损伤中，存在生命危险的极少。

矫形外科检查的主要目标是确认运动员身上是否存在某些危险因素以致未来发生损伤，同时需要确认运动员当前是否存在损伤以致影响短期、中期或长期的足球运动适应性。既往的损伤是未来发生损伤的独立危险因素。理想状态下，运动适应性检查应该能够发现运动员肌肉骨骼系统中的薄弱点，并有针对性地制定特殊的防护措施来达到预防初次损伤发生的目的。基于此，足球运动员在较小的年纪就进行矫形外科检查有着十分积极的意义。

矫形外科检查主要包括：肌肉骨骼系统的疾病史、相应的肌肉骨骼系统的体格检查。进一步的检查项目，诸如 X 射线、超声或核磁共振成像（MRI）等，则不包含在常规检查项目中。如果通过常规检查项目无法确认运动员的运动适应性，则可根据需要进一步进行深入检查。

矫形外科检查应特别关注既往膝关节、踝关节的韧带损伤，因为这些部位的韧带损伤可能会导致软骨损伤或（永久性的）关节失稳。当一名足球运动员有膝、踝关节的韧带损伤时，需要在他所受损伤恶化的可能性及其继续足球生涯的愿望间进行慎重的权衡，因为足球运动中包含必要的短跑、急停及急转等运动动作，这些动作都可能会加重软骨损伤或关节失稳。

头部损伤，尤其是脑震荡，需要在受伤后仔细询问。反复发生的脑震荡有可能对大脑的认知功能造成永久性损伤。脑部损伤次数越多、越频繁，脑功能受损的危险性针对性地强化训练可以减少这种损伤发生的可能性。因此在常规检查中，肌肉的损伤也需要进行详细的、明确的评估。腹股沟、大脚趾（第一跖趾关节）、跟腱、髌骨肌腱损伤等疾病史同样需要在常规检查中明确询问，因为这些部位的损伤在足球运动中相对较为常见。肩部和手指损伤在守门员中较为常见，在守门员的常规检查中也应予以特别注意。

第二节　足球运动中常见的疾病和损伤

足球运动员有可能会患有各种各样的疾病，我们甚至可以用一整本书来系统地叙述这些疾病。但是，在足球运动领域有一些疾病十分重要，这或者是因为在足球运动员中它们的发病频率较高，或者是因为它们与足球运动的某一部分密切相关。基于我们多年的医疗经验以及某些疾病在管理和治疗过程中往往需要运动员、教练和支持人员承担个人责任等各种因素，最终我们选择其中几种疾病在本书中详细描述。一些较为严重的疾病，如肺炎、风湿等疾病，常常需要短期或长期的治疗，已超出了运动医学所涵盖的主要内容，因此在本书中并未讨论。

一、足球运动中常见的疾病

（一）上呼吸道感染

运动员中最常见的疾病为上呼吸道感染，如伤风，其主要症状有：咽痛、流涕、头痛、耳痛、全身不适、发热及四肢酸痛等，常见为几种症状的组合。当一名运动员上呼吸道感染时，可能不能参加比赛或训练，此种情形下如何抉择有时是十分困难的。做决定时应该以运动员未服用任何药物时的症状为主，因为不同的治疗方法可以缓解或抑制不同的症状。其中的关键问题是要确认这种感染是局部的（一般只有咽痛症状，如果还有其他症状则应考虑是更大范围的感染）还是全身的，全身感染时运动员往往会感到全身不适（感觉自己生病了、有精疲力竭的感觉或感觉自己感冒了）。如果运动员有上述感觉，应该咨询内科医生，寻求医疗帮助。此时，对于生病的运动员是否可以继续参加比赛或训练，应当做出较为保守的决定。

当询问生病的球员或进行自我诊断时，应注意核查并列明所有的症状。当有以下症状时，全身感染的可能性较大：体温高于37摄氏度或99华氏度（腋下体温）、淋巴结肿胀（此项可由运动员自行检查）、肉眼可见的咽喉脓肿或典型的全身不适感。我们的经验说明，当患者合作性强时，治疗往往可以起到事半功倍的效果，因为只有他们自己能根据自身感受提供可靠的反馈信息。

有些时候，通过简单的观察就可以轻而易举地发现运动员生病了，这时对于如何抉择一般是没有争议的，一般会让生病的运动员完全休息，直到其彻底康复。如果上述所有的症状或问题均不存在，一般可以认为感染只限于局部。此时如果运动员没有因其他不适而感到身体虚弱，那么他们是可以参加常规训练的，甚至可以参加比赛。但是，还有一点值得我们注意：一旦有任何可疑症状或不适，应该始终坚持一个原则，即做出较为保守的决定。这一点在非职业足球运动中尤其适用，即使对于在低级别的足球联赛中踢球的运动员来说也是如此，这些运动员往往有着强烈的胜负欲和表现欲，此时主管人员应时刻谨记，让运动员冒着病情加重的风险去参加一场比赛是不值得的。如果没有咨询内科医生，最稳妥的方法就是在运动员的整个感染期间中止一切训练和比赛。

生病的运动员体内有病原体的存在，因此也就有疾病加重的风险。而病原体的存在也正是引起感染的原因。在西方国家，病毒感染比细菌感染更为常见。其他病原体，诸如真菌、蠕虫和寄生虫等，只要患者没有在感染前的几周内去过南部或非西方国家，一般可以忽略这种可能性。抗生素只是细菌感染的有效治疗措施，同时抗生素是一种处方药，只能由医生开取。这意味着，对于大多数的上呼吸道感染（病毒感染）而言，其实并没有一种"治本"的治疗措施。唯一可能的治疗措施就是缓解相应症状（如缓解疼痛或防止症状恶化）。这些治疗措施一般可以是服用药物、使用滴鼻剂，也可以是其他物理治疗手段（如雾化吸入、增加液体摄入量等）。缓解全身不适症状最好选用非甾体类抗炎药（NSAIDs），其中布洛芬和阿司匹林最为合适。维生素C等抗氧化剂也可服用，对生病的运动员来说并无害处，但本质上对于缓解症状并无实质性帮助。上述提及的药物中包括抗生素在内），并没有应用某种药物就不能参加比赛或训练的规定。上呼吸道感染的运动员是否可以参加比赛或训练，永远是由其感染的严重程度决定的。

有时你会在媒体上读到某些生病的运动员已经与他们的队友们隔离起来，甚至他们在酒店居住的房间都被隔离检疫的新闻。其实在欧洲中部，很少会发生需要这种隔离的感染。只要其他人都与病人保持一个最短距离，大约为一个手臂的长度，此时上呼吸道感染发生传染的概率就会很低。病原菌是不能飞行的，因此当与传染源的距离间隔一个手臂长度以上时，其只有通过患者的咳嗽才能传播。显而易见的是，运动员对病原体是否敏感取决于免疫系统的状态（但是现阶段仍然没有可靠的手段可以对免疫系统的状态进行衡量），免疫系统的状态决定了感染的表现类型。在团队活动中，最重要的是保持手部卫生。不仅胃肠道感染是通过手部接触传播的，其他的病原体也可以通过这种传播途径进行传播。因为这类原因，与生病的队友或医疗工作人员共用餐具、吹风机等都应严格禁止。同时，在球队内常备简单廉价的手部消毒剂，是一项非常有效的措施。

当疾病的传染性很强或可能引起较为严重的并发症时，如麻疹、流行性腮腺炎、季节性流感及其变异病毒引起的疾病（如猪流感），才需要在生病的球员与健康的球员之间实施隔离措施。另一方面，从医学角度出发，也很少允许病情严重的运动员以任何形式参加集体活动。

（二）胃肠道感染

胃肠道感染（或更准确地描述，几乎均为肠或结肠感染：肠炎、结肠炎）的典型症状包括腹泻，可能伴有胃痛，通常伴随有明显的不适感。如果一名运动员有胃肠道感染，通常来讲，做出是否可以参加比赛或训练的决定是相对容易的，因为被感染的运动员通常状态下很少有能继续比赛或训练的。需要考虑的问题是生病的运动员什么时候可以恢复训练。通常情况下不易区分胃肠道感染是由病原体或其外毒素（如细菌产生的肠毒素）导致的，还是由食物中毒导致的。后者通常发作突然，持续时间相对较短，很少超过2天。食物中毒是由食物中已经存在的毒素引起的，因此发作突然。食物中毒型的胃肠道感染症状消退后，运动员可很快恢复，因为没有或几乎没有病原体可以继续在体内播散。也正因如此，这种类型的胃肠道感染传染给他人的概率很小。

然而，在大多数情况下，胃肠道感染是由病原体感染导致的，如细菌或病毒等；与上呼吸道感染相比，引起胃肠道感染的多为细菌类病原体。这些病原体不仅可以攻击肠黏膜，也能进入血液循环，或者在肠道内产生上文提及的肠毒素。这种病原体可以通过粪-口途径传播。在这种情况下，当球队中有运动员发生了胃肠道感染时，应特别注意手部消毒，以阻止疾病不断蔓延。对于球员是否可以恢复训练及比赛的评估与上呼吸道感染相似，做出决定前需要确认这种感染是否是全身性的。在胃肠道感染中，发现淋巴结肿大并不能作为全身性感染的证据，但发热、全身不适感和体重降低是全身感染的重要症状，需予以特别注意。在全身性感染的病例或体重下降超过1公斤的病例中，做出可以恢复训练的决定时应谨慎行事。尤其应注意的是，肠道感染会导致大关节，特别是膝关节发炎。这对于足球运动员来说，是非常不愿意见到的一种并发症。

若经常性地出现体重下降，则提示应进行补液治疗，这也是胃肠道感染的治疗方法中最重要的原则。在感染后接下来的几天里，腹泻引起的体液流失通常是恢复健康和正常体力的最大障碍。因为在实际治疗过程中，很容易低估胃肠道感染的运动员体液流失的程度，因此在治疗过程中采用一定的标准来衡量体液流失的程度是必不可少的（重要方法：在疾病开始时，尽早称量患病运动员的体重）。患病运动员必须在其可忍受的范围内尽可能多地饮用液体。从药店购买的特殊非处方电解质溶液就可以作为其饮用的液体。然而，还有一种更简单、更便宜的方法，就是直接饮用水和果汁的混合物，甚至茶水也可以。治疗应以尽可能少的体重下降为目标。如果患病的运动员觉得饮用液体的用处不大，只是"喝下去再排出来而已"，此时，应向患病运动员指出其理解的错误之处并解释其中的原理。这种方法对呕吐的患者并不适用，由毒素引起的疾病中呕吐并不常见。如果患病运动员有呕吐症状的话，则应通过输液的方法保持体内液体及电解质的平衡。

在这一点上，我们应该特别强调，即使是为治疗胃肠道感染而进行的补液治疗——在医院外进行的输液，目前也是被禁止的。但是，对于非职业的运动员来说，我可以质疑这种规则的合理性。当然，正常情况下（无呕吐症状），比起输液补液治疗，口服液体补液治疗更为合适，也更为有效。

与胃肠道感染相关的其他药物通常不是为了治疗病因，而是为了更有效地控制症状。在治疗过程中，应优先考虑影响肠道活性的药物。在这类药物中，最著名的是洛哌丁胺，其可以有效地控制腹泻。若患病运动员伴随有胃痛、腹部绞痛等症状，可以使用抗痉挛药物，如丁基东莨菪碱。在使用过程中，应注意许多胃肠道药物都有副作用，有时会引起运动员疲劳，可能不适用于足球运动。但是，这通常不是一个严重的问题，因为出现胃肠道感染需要服药时，一般情况下运动员是不需要参加比赛或训练的。

显而易见，在对胃肠道感染的病例进行诊断时，重要的是能够将之与其他胃肠道疾病进行鉴别诊断（如肠易激综合征、胃炎等），这些疾病往往是没有传染性的，但对于卧床不起的病人来说，确定诊断并不是一件容易的事情。众所周知的是，在大型比赛前产生的紧张兴奋感（无论是正常状态下的紧张情绪，还是超出平常的紧张情绪）常常会使运动员出现肠道不适的症状。在这种情况下，腹泻的原因很有可能被误诊。强烈的紧张兴奋感可能引起植物神经系统兴奋，此时可能会自然而然地伴随腹泻症状。但这种紧张性腹泻通常不会反复发生，也不会伴有全身不适感。比起不了解球队及运动员的医疗工作人员来说，伴随球队多年的内科医生或理疗师更易对相应症状做出正确评估。

(三) 其他感染

显而易见，运动员感染并不仅仅只包括呼吸道感染和胃肠道感染这两种情况；足球运动员还经常受到其他组织或器官 (如皮肤、眼睛和耳朵等) 疾病的困扰。尽管本书由于篇幅所限，未对这些组织或器官的感染进行详细叙述，但是仍要在此对其进行一个一般性的概括。皮肤、眼睛、耳朵 (还有鼻子和咽喉等部位) 是最容易受到感染的部位，因为它们均暴露于外界环境中。药膏、眼药水和滴耳液等通常可以直接作用于被感染的部位，或经过短暂的扩散过程 (通过皮肤表面的浅层组织) 作用于被感染部位。而利用其他剂型的药物则很难在感染部位达到需要的药物浓度。如果给患者服用口服药片，或直接静脉注射、肌肉注射同样的药物，药物的作用会随着血液循环扩散到整个身体 (同时应注意药物也可能有潜在的副作用)，再作用于受感染部位，这其实是没有必要的。

虽然结膜炎、外耳道或内耳的炎症 (外耳炎及中耳炎) 和皮肤感染通常不会演变成高危险性的疾病，但是这些疾病可能会使运动员的视力下降，健康状态受损，或者可能发生于经常受压迫的皮肤部位 (受鞋子挤压的脚部皮肤，或者经常摩擦的部位)，从而使运动员感到疼痛。为了确保运动员可以以较好的健康状态参加比赛，进行适当的治疗是必要的。在这些部位的感染中，疾病恶化乃至对运动员的运动适应性产生负面影响的案例极少。但如果这种情况发生了，则其治疗和判断标准可以参照其他感染的相应标准 (如上呼吸道感染及胃肠道感染)。

从医学专业角度来看，如果对于球员的体能状态或其疾病恶化的风险有任何疑虑，则必须进行实验室的血液检测。其中应特别注意的检查项目为：血细胞计数 (根据血细胞功能分别计数细胞数目，同时判断其形态功能是否正常)，C 反应蛋白 (CRP) 及反映肝功能的酶类，如谷草转氨酶 (AST、GOT)、谷丙转氨酶 (ALT、GPT)。血细胞计数可以帮助判断生病运动员的感染是由病毒引起的还是由细菌引起的 (细菌感染时通常情况下白细胞计数增高，即白细胞总数增多，同时幼稚白细胞数目增多)，根据血细胞计数的化验结果可以考虑是否使用抗生素进行治疗。一般来讲，C 反应蛋白是反映体内炎症活动最敏感的指标。因此可以根据 C 反应蛋白的变化过程，评估运动员的身体恢复状况，判断其是否可以恢复训练或比赛。

相关化验指标的上升通常意味着运动员目前正处于感染状态，显而易见，目前正处于感染状态的运动员不可能完全没有疾病风险。因此，即使一个指标水平的上升也是对即将发生的疾病的一个明确警告。当肝脏被病原体或其毒素攻击时，那么反映肝功能的酶类指标水平会上升。这往往不是一个好现象。一旦肝脏酶类指标水平升高，且无法用其他原因解释时（一些运动员剧烈运动后也可能出现肝脏酶类指标水平升高，但谷草转氨酶水平上升快于谷丙转氨酶，且往往不伴有肌酸激酶（CK）水平的上升），往往意味着运动员应中断训练或比赛。对于职业足球运动员来说，通常会利用实验室检查来确认其当前的感染状态。

目前没有一个单一的实验室检测结果或其他类型的检查结果可以作为心脏肌肉组织发生炎症（即心肌炎）的可靠指标。在所有的炎症性疾病中，心肌炎带来的后果最为严重，因为它可能会引起急性心律不齐，极少数情况下甚至可以导致患者死亡。与其他病原体相比，有一些病原体更容易攻击心肌细胞，但在实践过程中准确地确定引起感染的病原体往往是十分困难的，因此这种方法也不能帮助我们判断心肌细胞是否有被攻击的风险。一些动物实验的研究表明，处于病原体全身播散状态下的动物，剧烈运动后患心肌炎的危险性增高。因此当生病的运动员有相应的表现或症状提示感染在全身播散时，必须咨询医生、寻求专业医疗指导，才能对运动员能否继续进行训练或比赛做出正确评估。

（四）预防接种

通常情况下，疫苗接种的具体要求是根据国家相关部门（如在德国为德国疾病预防协会，STIKO）的建议制定的。一般而言，这些建议的制定是以本国的经济状况及医疗条件为基础的，而不是专门为职业的足球运动员制定的。对于职业足球运动员来说，疫苗带来的益处及其可能带来的危险都要大于一般人群。接种疫苗对职业足球运动员的益处更大，其中的原因主要有以下几点。

（1）即使是较为轻微的疾病也会影响职业运动员的表现，但是这些疾病往往不会使普通人群丧失工作能力。

（2）由于在足球运动中，运动员有时可能与对手或队友发生身体接触，因此感染某些疾病，尤其是呼吸系统感染（流感、麻疹、水痘等）的风险较高，但是某些通过血液传播的疾病，感染风险只有轻微升高，如乙型肝炎或艾滋病病毒感染。

（3）某些在普通人群感染中很少见的病原体在职业足球运动员感染中十分常见，因为许多职业足球运动员（以及在训练或比赛中与他们密切接触的人）经常为了参加比赛而在海外居住很长时间。

当然，疫苗接种带来的副作用也是存在的。接种疫苗带来的副作用（例如，在疫苗接种部位上的局部皮肤反应、手臂疼痛或轻微发热等）在普通人群中可能是微不足道的，但是却可以导致职业足球运动员的表现水平下降，甚至错过比赛。

　　对于职业足球运动员来说，建议接种麻疹、风疹、流行性腮腺炎及水痘的减毒活疫苗；破伤风、白喉、百日咳、流感、蜱传脑炎、甲型肝炎、乙型肝炎的类毒素疫苗。另外，还有一些疫苗可根据运动员的自身情况选择性地接种（例如，经常去外地比赛的运动员，或来自某种传染性疾病疫源区的近期曾回家探亲的运动员等），此类疫苗主要预防的疾病包括：黄热病、脊髓灰质炎、斑疹伤寒、肺炎球菌感染或脑膜炎球菌感染。而以下一些疫苗在通常情况下则是不必要的。

　　（1）霍乱疫苗。霍乱是一种相对罕见的疾病，主要发生在高危地区及卫生条件恶劣的地区，而足球比赛场所或训练场所一般不会在此类地区。

　　（2）接种狂犬病疫苗时，副作用较多。但是，一旦发生疑似感染事件，疫苗接种可以提供足够的保护。

　　（3）带状疱疹疫苗是唯一一种在年龄大于50岁的人群中接种的疫苗，因为该病毒一般不会攻击年纪小于50岁的人。截至目前，还没有科学研究发现带状疱疹与运动有任何形式的关联。因此，一般认为这种疾病在足球运动中并不重要。

　　在实际应用中，运动员应尽量减少接种不必要的疫苗（例如，既往感染过、已经产生了对某种病原体的免疫力）以减少副作用。在接种疫苗之前应先进行体内抗体滴度的检测（通过实验室检测可以确定样本中的抗体滴度）。在接种减毒活疫苗（麻疹、风疹、流行性腮腺炎及水痘）前更应该进行抗体滴度检测，因为接种减毒活疫苗时副作用更多。当运动员的国籍不是本国时，也应特别注意检测其体内的抗体滴度，因为某些国家或地区的运动员可能已经具备了某种病原体的天然免疫力，如甲肝病毒和乙肝病毒等。

　　接种疫苗带来的副作用可能会对运动员的训练或比赛造成干扰，因此应提前确定接种疫苗的时间，以尽可能减少这种问题的发生。但是目前因接种疫苗带来的免疫反应并未减少。接种灭活疫苗引起的副作用一般在疫苗接种后的2天内发生（通常为局部的副作用，体温轻微上升及淋巴结肿大相对少见）。接种减毒活疫苗则可能引起全身的副作用，但是这种副作用一般在接种疫苗10天后才会发生，也就是当病原体在体内繁殖达到高峰时才会出现副作用。因此，在不需要剧烈体育活动的时间里接种疫苗为宜，一般可选择假期即将开始时或冬歇期期间等时间进行疫苗接种。

　　在训练或比赛期间，接种某些疫苗（如流感疫苗）也是十分有意义的，因为这样可以在下一场比赛之前尽可能长的一段时间里保护运动员不被某些病原体感染。有科学研究已经证实，刚刚经历剧烈体育运动、正在休息的运动员接种疫苗，并不会降低疫苗的保护作用。除此之外，职业运动员接种乙肝疫苗后的保护作用与一般人群并无区别。另一方面，研究表明，运动结束 6 小时后接种疫苗的疼痛反应明显低于运动结束后立即接种或运动结束 24—48 小时内接种。基于以上研究，在运动结束至少 6 小时。后接种疫苗是较为合适的。

（五）过敏

过敏是一种由非病原体介导的炎症反应。从某种程度上看，过敏是由免疫系统反应过激导致的。因此，未被过敏反应波及的器官一般不会受到直接损伤，即使对于在剧烈运动中的运动员来说也是一样。因为参加足球运动时，对足球运动员呼吸道的压力很大，也要求参加者有较好的身体素质，因此常见的过敏反应中的某些症状（如结膜炎、鼻炎（即打喷嚏）等）都会明显影响运动员的发挥。通过空气传播的过敏原（如花粉）在足球运动中很难完全避免接触，因此，在实践过程中经常需要对运动员进行适当的抗过敏治疗。滴剂和喷雾剂的局部治疗一般要优于口服片剂的全身治疗，因为口服抗过敏的药物会导致运动员产生疲劳感。只有当运动员出现了与过敏相关的疲劳症状或显著的全身性健康状况不佳时，才考虑口服片剂进行全身治疗。职业足球运动员须注意，在应用皮质类固醇药物（如可的松）进行全身性治疗时，应注意该药物是比赛时禁用的兴奋剂，因此在治疗时应先取得治疗药物豁免。

（六）支气管哮喘

在德国人群中，哮喘的患病率为 4%—5%。虽然其他刺激因素也可能在哮喘的发病中发挥一定的作用，但是对于一名正值活跃年纪的足球运动员来说，过敏性成分是哮喘的最重要的触发因素。因此，哮喘的发作通常是季节性的，主要发生在春季和夏季。当需要时，或比赛前，通过持续使用皮质类固醇激素喷雾剂（局部使用"可的松"减少炎症反应；红色吸入器）这一基本治疗措施，配合使用 92 受体激动剂（蓝色的支气管扩张剂吸入器），通常情况下可以缓解症状，使运动员恢复健康以参加比赛。尽管可能有争议，但是目前认为健康运动员使用哮喘吸入器没有兴奋作用，即不会增强其体能及提高运动成绩。

（七）糖尿病

2 型糖尿病（又称为"成人型糖尿病"）通常与肥胖相关，而 1 型糖尿病

（又称为"胰岛素依赖型糖尿病"）的患者通常年纪更小，体形也更加苗条。因此，足球队中更常出现 1 型糖尿病患者。有很多职业运动员患有糖尿病，其中也包括那些参加团队运动的职业运动员。由于运动员需要经常进行高强度的体育运动，这种特殊性使运动员的糖尿病的治疗变得复杂。但通过医疗实践，我们认为甚至比赛时的运动强度都不会增加糖尿病的风险。体育运动降低了胰岛素的需求量，因此应根据运动员的运动量相应调整胰岛素的剂量。一个患有糖尿病的运动员在进行高强度锻炼后，可能会有低血糖症状。然而肾上腺素分泌增加，会导致血糖水平的升高，即在强度很大的训练中也可能由于肾上腺素水平增高导致与上述情形相反的状况，即高血糖。但是这种现象较为少见，一般会在那些血糖水平控制不佳，即参加比赛时本身血糖水平就偏高的运动员中出现。

二、足球运动中常见的损伤

（一）足球运动员的受伤频率

在德国，每年约有 150 万—200 万例运动损伤发生，其中 50 万例为足球运动损伤。不管是在职业足球俱乐部、学校还是在非正规组织的足球运动中，运动损伤的数量都较多，一个主要的原因是足球运动员的绝对数量较多。德国足球协会（DFB）是德国最大的体育组织，约有 680 万名成员，大约每 12 个德国人中就有一个人属于该组织。

运动损伤主要有两种类型：一种是由确定的意外事件引起的外伤，如踩空时踝关节扭伤；另一种则为疲劳性损伤，即由微小损伤不断累积而引发的一种损伤。微小损伤本身并不是大问题，但是如果在同一部位重复发生，超过临界值就会出现症状（其原理有如"压坏树枝的最后一片雪花"），因此也称为"慢性损伤"。其中一个典型的例子就是髌骨肌腱的过劳损伤。

足球领域中更为常见的是由意外事件引起的损伤，大约占全部损伤的 66%—84%。

（二）损伤发生的部位

在足球运动损伤中，有 60%—90% 发生于下肢。在儿童、14 岁以下的青少年及 50 岁以上的成年人中，手臂及肩膀损伤（约 43%）、头部损伤（约 20%）也较为常见。在年纪较小的足球运动员中，铲球和落地过程中产生的冲撞是发生损伤的最常见原因。在年纪较大的足球运动员中，落地同样是发生损伤的主要原因之一，因为年纪较大的运动员灵活性下降，同时他们对落地时发生的冲撞的承受能力也会下降。

膝关节、踝关节及大腿肌肉是运动中最易发生损伤的部位，占全部损伤的

16%～33%。在一些研究报告中，踝关节损伤所占的比例高达67%。三大足球运动损伤分别是膝关节韧带损伤、踝关节韧带损伤及大腿肌肉损伤。这三种损伤不仅发生率高，且因这三种损伤导致的停止比赛和训练的时间最长。其他损伤如瘀伤、水泡、擦伤等，发生率可能更高，但这些损伤很少会使运动员伤停很长时间。

表5-1 三大足球损伤

损伤	占比
大腿肌肉损伤	24%—26%
腘绳肌损伤	12%
踝关节韧带损伤	9%—12%
膝关节韧带损伤	11%
前交叉韧带损伤	5%

腘绳肌是最容易发生损伤的部位。在欧洲的职业足球运动中，每个赛季每支球队都会发生5起腘绳肌损伤的案例，导致运动员平均伤停90天，缺席比赛5场（所有的大腿肌肉损伤平均每赛季发生15次，导致平均伤停270天，缺席比赛45场）。英国职业足球运动员每赛季因踝关节韧带损伤，平均伤停133天（缺席比赛22场）。德国女子足球甲级联赛中，每赛季每支球队平均发生一例前交叉韧带损伤案例。

（三）损伤发生的原因

运动员身上若存在某些危险因素，可能导致其发生运动损伤的风险增加。此前发生的相似部位的既往损伤就是本次损伤发生的一个独立危险因素。对于三大足球运动损伤（膝关节韧带损伤、踝关节韧带损伤、腘绳肌损伤）来说，尤为如此。

同时，在比赛中受伤的概率要高于在训练中受伤的概率。举例而言在德国职业足球运动中，该比例约为9∶1。

我们可以粗略地将危险因素分为两类：外部因素和内部因素。外部因素主要指外部作用于运动员的各种因素，其中周围环境因素十分关键。而内部因素则主要指运动员的自身因素。换个角度来看，两者又构成了保护性因素和危险性因素。在运动损伤的预防训练中，保护性因素尤为重要。

一般情况下，一种危险因素的存在不会导致损伤的发生，导致损伤发生的往往是一系列危险因素的结合与相互作用。比如，在一场比赛中，不止一名运动员会不小心踏入赛场上不平处的凹陷里，但一般只有一名运动员会扭伤踝关节，使自己受伤。

在这个例子中，损伤产生的原因不是赛场不平处的凹陷，否则所有踏入此处的运动员都会受伤。下表为运动损伤常见的危险因素。其中，有一个危险因素十分重要，那就是此前发生的相似部位损伤。举例而言，既往相似损伤存在时，可以使新发损伤（新发的膝关节韧带损伤或新发的腘绳肌损伤）的发生风险最多增加6倍。

表5-2　损伤发生的外部及内部危险因素

外部危险因素	内部危险因素
	此前相似部位损伤
训练方式错误	畸形（如X形腿或O形腿）
足球场地（沙砾、人造草皮或天然草皮）	两腿长度不同
训练装备（鞋）	肌力失衡、肌肉无力
环境	灵活性差
气候	性别、年龄
营养	心理因素
	身体组成成分（肌肉组织、脂肪组织）
	其他：内分泌，基因（遗传），代谢

运动鞋与足球场地之间的摩擦力是损伤发生的一个重要外部因素。一般情况下，足球运动员希望运动鞋的抓地力越大越好，但是这可能会增加运动损伤的发生风险：如果运动突然停止，就会出现更大的反作用力。在过去，足球场地常常使用摩擦力大的人造草皮或体育馆地板，与使用天然草皮相比，运动损伤的发生率要更高一些。

目前，使用最新的人造草皮铺设的足球场地，其损伤发生率与天然草皮铺设的场地相近。

某些足球鞋的防滑钉排布方式不当可能会导致运动员的前交叉韧带损伤，尤其是在女性运动员中，这种现象更为明显。过去防滑钉的安置方向多与跑动方向垂直，一般排布在脚掌突出部位或脚掌中间部位。当然现在已经不再如此了。同样的，工艺上有缺陷的或者老旧的运动鞋，可能有防滑钉磨损的问题，很难或根本不能在运动中急停，从而导致冲撞；或在冰面、下雪或湿滑的场地上发生侧滑，从而增加运动损伤的发生风险。不合脚的运动鞋（购买孩子的运动鞋时，为预留生长空间而购买较实际更大的尺码）会导致脚在足球鞋中的稳定性较差，继而出现问题。

　　运动员在铲球过程中经常出现瘀伤和擦伤，尺寸合适的护腿板可以保护运动员，使其避免此类损伤。此外，护腿板还能对胫骨骨折提供一定的保护。目前的趋势是使用尽可能小的护腿板，这一点其实是与运动医学的观点相悖的，这一现象应该引起我们的重视。运动员不愿意使用正常尺寸的护腿板，其原因主要是没有"球感"。一般终身使用正常尺寸的护腿板的运动员往往没有这种感觉。终身使用护腿板的运动员需要在较小的年纪就开始使用，以打下良好的基础。从医学角度出发，运动员也应佩戴踝关节保护装置。也有人认为佩戴这种保护装置会丧失"球感"，这种观点也是可以理解的，因为毕竟足球运动员是通过脚部的活动来完成踢球动作的。

　　在足球场上不允许出现珠宝首饰等物品，不管是在训练时还是在比赛时都是如此。国际足球联合会（FIFA）明令禁止运动员佩戴首饰。手表、耳环、项链、戒指、穿孔（包括腹部、牙齿和舌头穿孔）及发夹等都包含在首饰之列。佩戴首饰既增加了佩戴者发生损伤的风险，也增加了周围人的风险。佩戴过紧的首饰也是不安全的，因为发生损伤时手指可能发生肿胀，此时如果不能摘下戒指或切断戒指，最坏的情况下甚至会使运动员损失一根手指。再如，佩戴耳环在极端的情况下可能会导致丢掉整个耳垂。

　　当运动员佩有其他配件时，如绷带、矫形器、面具、眼镜（运动眼镜或隐形眼镜是必不可少的）以及（塑料制品的）石膏，应确保这些配件没有坚硬或锋利的边缘，尽量减少可能出现的不必要的损伤。使用绷带时应注意，不应该用（金属的）夹子固定系紧绷带；可以使用医用胶带作为替代。在比赛开始前，应由裁判检查所有的配件。

　　为了使运动员的生理、心理状况均维持在较佳水平，健康的膳食是必不可少的。举例而言，碳水化合物（糖类物质）是肌肉和大脑的主要能量来源。（急性）碳水化合物缺乏可导致体力下降，消除疲劳感所需的恢复时间延长，同时使运动员的协调能力下降。

　　腿部中轴偏移时，即大腿与小腿不处于同一直线上时，会改变腿部的正常力量负荷状态。例如，O 形腿会增加内侧（靠近身体中轴侧）膝关节腔的受力。在实际应用中，运动员应当尽力避免这种情况的出现，尤其当膝关节内部有损伤时 [例如关节半月板病或手术（部分）切除内侧半月板] 更应注意避免。使用提高鞋跟外侧边缘的鞋垫可以缓解这种情况。与之相反的，除了其他因素的影响，膝外翻会增加外侧（远离身体中轴侧）膝关节腔的受力，已有的或新发的外侧半月板损伤都会使这个问题更加严重。在这种情况下，需要使用提高鞋跟内侧边缘的鞋垫。无论在 O 形腿还是在膝外翻的运动员中，都可以通过锻炼相关肌肉改善这个问题，锻炼运动员能够更好地控制膝关节的受力状态，这也是一种重要的治疗措施。

两腿的长度不同，尤其是长度相差 1 厘米以上时，可能会导致腿部负荷异常。两腿长度不同可能是暂时的，也可能是永久的，应该由医生或理疗师加以确定。如果是由于结构问题导致的长度差异，询问病史时，一般可以发现有此类问题的运动员在行走时长度较短的腿会踩踏裤腿，因此裤子的磨损速度更快。

如果是由于结构原因导致的两条腿的长度不同，如股骨长度不同，此时应建议运动员根据病情的严重程度使用增高垫。使用增高垫时，应注意确保脚后跟不会从鞋子中滑脱。一般而言，不论鞋垫是否有增高作用，在足球运动中足球运动员对鞋垫的接受程度普遍是较低的。因为垫鞋垫时，运动员穿鞋时的感觉会发生变化，变得不那么熟悉（"脚后跟从鞋子中滑脱的感觉""脚部挤压感""踢球时没有球感"）。在（运动医学专业的）矫形外科技师的帮助下，经过一个合适的熟悉期，几周后通常运动员的这种不熟悉的感觉都会消失。

第三节　足球运动中的营养

现代足球比赛要求有高水平的身体条件。我们经常听到评论员或者教练说，某位球员甚至整个球队在比赛结束前就已耗尽力气了。在团队运动中，肯定是需要力量的，但是球员筋疲力尽时，他们缺乏的并不是力量，而是耐力。

根据营养学，耐力主要依赖于富含碳水化合物的食物的最优摄入量。像所有含糖食品那样，面包、面食、米饭、蔬菜和水果都提供这种营养。

脂肪也提供能量：每盎司的糖可以提供的能量近两倍于碳水化合物。但是，需要进行大量的训练，才可以让从脂肪提取能量的过程发挥最好的效果。定期的超长耐力负荷是必需的，而这是足球运动员永远不会做的练习。

这种脂肪摄入量对于马拉松运动员和三项全能运动员很重要，但对于团队运动，过多的脂肪摄入会对身体状况产生负面影响。特别是在一顿饭中组合碳水化合物和大量的脂肪时，碳水化合物的代谢会受到负面影响。肉酱意粉对于有抱负的足球运动员来说不是一个好的选择，至少在赛季中可以这样说。解决这个问题的办法是自己下厨，并尽可能采用低脂肪的成分。如果用塔塔酱和少许橄榄油来调制肉酱，脂肪含量自然会减少。但是，如果在餐厅或在妈妈家吃饭，很可能就不会注意这些方面！

一、肌肉的营养

任何形式的肌肉活动都需要能量，并且能量必须不断地得到补充，因为人体自身的"油箱"是有限的，至少对于碳水化合物这种超级燃料来说是如此。约10.5—12.5盎司（300—350克）可以被存储为糖原，这是碳水化合物的储存形式。然而，通过更好的健身运动和富含碳水化合物的饮食，理论上，该存储容量几乎可以加倍。

但是，肌肉如何从碳水化合物中获得能量呢？在每个肌肉细胞中，都有碳水化合物的储备，以小颗粒的糖原形式存储。通过血液循环，用血糖补充这些储备。在正常的日常生活中，这个系统总是能够提供足够的能量。

对于在负荷过程中的碳水化合物摄入量，除非是非常长时间的负荷，否则对能源储备的直接影响可以忽略不计。然而，饮用含糖量低于8%的液体可以帮助提升体能。这些饮料防止血糖水平过早下降，以及所导致的协调性和专注度下降。

在比赛当天吃的碳水化合物对比赛过程中所使用的能量没有任何影响。如果储量尚未满，即使在比赛前再吃一份意大利面也无济于事。糖分子只会在消化过程完成后才能变成糖原储备。

二、碳水化合物

即使不是营养科学家，也会知道，在汽水或糖果中的糖对体能水平产生的有益作用不如在新鲜水果中的糖。为了理解我们的身体对不同的碳水化合物来源所做出的不同反应，我们必须深入了解身体的复杂代谢过程。

相比于复合碳水化合物，单糖和双糖往往被斥为坏。原因是，更复杂的糖分子（比如，在全谷物产品中发现的淀粉）会比葡萄糖等简单的糖分子更缓慢而稳定地经过肠道，进入血液，从而避免过大的胰岛素峰值。

然而，在实践中，事情并没有那么简单。例如，就其对血糖水平的作用而言，一般的家用糖（一种双糖，由一个葡萄糖和一个果糖分子组成）被认为是无害的，因为葡萄糖的负面作用被果糖的正面作用抵消了。如果要找个理由责怪家用糖的话，那就是它包含空热量。在水果中的果糖也是单糖。但是，这不应该让任何人停止定期吃水果。

与其想知道特定食品中含有多少碳水化合物分子，或者以血糖指数的清单作为购物指引去区分好的食物和坏的食物，倒不如为自己的日常饮食设定一个适用于一切食物的目标：尽可能自然地吃。食物在最终上盘子之前经过的准备步骤越多，其价值就越少。

刻苦训练的运动员的身体不仅有权在用餐时得到满足，并且应该用大自然能提供的最佳食品去滋养它。因此，在准备食物时的指导原则是，分量不要过多，工序尽可能少。我们现在距离野外生活的年代已几十万年，大多数人都消化不了生肉。所以，我的意思不是说必须成为生食的狂热分子，或吞食生牛排。但蔬菜不宜煮得过熟，或放太多调味料；应该蒸熟蔬菜，以保留其维生素。生的蔬菜沙拉也基本上保持了蔬菜的重要成分。当然，也应该购买尽量新鲜的食材，并且购买时间与烹制时间尽可能接近。罐头食品应该是绝对要排除的。新鲜食材的最佳替代品是冷冻食品。与普遍观点相反，现代化的冷冻食品甚至含有像空气可溶性维生素这样的营养物质，并且几乎完整地将它们保存下来。

三、正确的饮食

与汽车燃料的比较已经阐明了，碳水化合物的绝对摄入量应与消耗紧密相关。所以在足球运动中，踢球的能力和训练的努力是决定性的。每周训练两三次，并且周末坐在替补席上的人，自然比每天训练两次，并且每个周末都踢完 90 分钟比赛的人需要更少的碳水化合物。在强化训练中，碳水化合物的需求可能会上升到每 9.9 斤体重 28 克。如果一名球员体重 150 斤，这意味着他每天至少需要 15 盎司的碳水化合物。年龄较大的球员可以用 252—294 克的碳水化合物对付过去。

如果没有体育科学支持团队去帮助你计算出能量需求，那么你只需要每天检查自己的体重。体重的任何增减都表示所摄入的能量对于你的需求过高或过低。

碳水化合物营养往往是不足的，首先是因为吃了太多脂肪，其次是因为，每天吃几百克"健康的"碳水化合物并不是那么容易的。所有含淀粉的食物 (如面食、米饭和面包) 都很重要，最好是全谷物品种。

对于认为全谷物食品专属于健康怪人的那些人来说，有一点安慰：经过艰苦的锻炼后，必须吃点甜的。此时，正需要胰岛素尖峰。已经排空的细胞现在迫切需要补充在锻炼过程中用完的营养物质，因此在之后数小时内都特别容易吸收。

在血液中循环的营养成分要依赖于胰岛素才可以到达细胞。在锻炼之后可以吃一个雪糕或一块蛋糕，无须感到愧疚。但在比赛前不应该这样做。吃完之后所增加的能量很快就会消失，远远撑不到比赛或锻炼结束。

顶级足球运动员也可以选择营养补充品。虽然业余球员在淋浴头下已经开始感觉到饿，但随着训练强度的增加，这种感觉会渐渐减轻。但是，快速补充营养储备对于顶级足球运动员来说特别重要。恢复所需的时间决定了何时可以进行下一次锻炼，并获得最好的效果。由于这些补充品可以在液体中溶解并饮用，甚至可以在没有感到饥饿时食用它们。营养补充品还包含必需的热量，当然，热量被认为是总能量摄入的一部分。

四、蛋白质

蛋白质是在体内构建几乎所有细胞时都需要的组成部分。密集训练的人首先需要更多的蛋白质，其次，他们会消耗更多含有蛋白质的组织，在锻炼后必须尽快补充。蛋白质摄入不足总是会影响力量水平和整体体能水平。缺乏蛋白质也可能导致免疫系统受损。

诚然，蛋白质的消耗量不如它所含有的氨基酸的范围那么重要。蛋白质只是完全不同的氨基酸分类的统称。在一般情况下，我们的身体对"外来"蛋白质的摄入反应很厉害。在以食物形式摄取时，蛋白质被立即分解。进入血液的蛋白质链越小，我们的身体就越容易对付它们。这些短链氨基酸被称为肽。

最多5个连在一起的氨基酸分子可以从肠道被吸收进入血液。这就是为什么在看到复杂的蛋白质链作为某种灵丹妙药出售时，我们就要小心。更重要的是，要消耗足够数量的身体最需要的氨基酸。然后，它自己可以利用这些氨基酸来建立必要的蛋白质链。

像碳水化合物那样，蛋白质源的质量是很重要的。肉比香肠好，鱼比炸鱼饼好，天然牛奶产品比那些加了糖、调味剂和色素的"改良品"好。

以体能为目标的足球运动员每天食用的蛋白质总量应该按每18.6千克体重约28克蛋白质计算。这意味着体重165磅的人每天约食用112克。这反正与正常的食用量没什么不同。但来源应该是不同的，因为蛋白质的许多来源都附带多种饱和脂肪酸，而身体实际上可以只使用其中的一些来生成激素。大多数被用来产生能量。但碳水化合物已经满足了要求。如果加入大量脂肪，就会像是往油箱里加入超级燃料，然后在上面添加普通燃料。

就像汽车那样，多余的能量只会溢出，并最终流到胃、臀部和大腿周围。

我们的蛋白质需求有一部分来自植物来源，它们也提供碳水化合物，如面包或面食。应食用高质量的动物蛋白，脂肪越少越好，如禽肉、脱脂牛奶、农产品和鱼。

五、完全不含脂肪

当然，我们并不需要从饮食中消除每一盎司的脂肪。这不仅是没有必要的，并且是危害健康的。人体的确需要脂肪，至少像橄榄油中的单不饱和脂肪，以及在鲑鱼、鲭鱼或葡萄籽油中可以找到的欧米伽三型（Omega-3）脂肪酸。一个星期吃两次鱼，尤其是油性冷水鱼类，这是个好主意。每当需要植物油时，都可以使用橄榄油。

应该消除的脂肪是饱和脂肪，它们基本上只提供在我们的现代生活方式中不需要的能量，作为刻苦训练的足球运动员，就更不需要它们了。多余的饱和脂肪不仅让我们发胖和产生不希望的"问题"，长期来说，它们还可能让我们生病。因此，要将脂肪摄入量限制为总热量摄入的20%。

美国政府建议上限不超过30%，但剩下的10%应该留给真正提高体能的食物，如碳水化合物和蛋白质。

六、啤酒

关于酒精的另一句话：对于很多球迷来说，酒是足球的一部分，就像他们的球队的围巾和旗帜那样。庆祝一场意想不到的胜利或者赛季结束，这并没有什么不妥。然而，有些人经常一天喝超过两杯啤酒，这样做不仅会消除身体内重要的矿物质镁，还会大大降低他的睾丸激素水平，并损害身体的恢复能力。相反，应该多喝水。绝对最低限度是每天四品脱；如果在炎热日子里进行训练，对水的需求很容易就会翻倍。如酒精和咖啡等利尿饮料只会提高对水的需求。

参考文献

[1] 杨则宜，王启荣. 足球运动的体能与营养 [M]. 北京：北京体育大学出版社，2004.

[2] [德] 拉尔夫·迈耶，黄海枫. 足球运动力量系统训练 [M]. 北京：人民邮电出版社，2016.

[3] 汤信明. 足球运动教学与训练 [M]. 武汉：华中科技大学出版社，2012.

[4] [美] 唐纳德·T. 柯肯德尔，曾少宁. Soccer Anatomy 足球运动系统训练 [M].北京：人民邮电出版社，2015.

[5] 曹祥发，侯磊. 中国足球运动发展演变的社会学分析 [M]. 成都：西南交通大学出版社，2010.

[6] 张瑞林，许景朝，叶燎坤. 足球运动 (第二版) [M]. 北京，高等教育出版社，2016.

[7] 朱禹丞. 足球运动伤害预防与治疗方法 [M]. 北京：人民邮电出版社，2016.

[8] [德] 蒂姆·迈耶，奥利弗·福德，凯伦·威斯特法论，司佳卉，王震宇. 足球运动损伤与防护指南 [M]. 北京：人民邮电出版社，2016.

[9] 刘晓树. 天下第一运动——足球 [M]. 南昌：二十一世纪出版社，2015.

[10] 宋兆麟. 蹴鞠——中国古代的足球运动 [M]. 北京：商务印书馆出版社，2017.

[11] 王崇喜. 球类运动——足球 (第三版) [M].北京：高等教育出版社，2016.

[12] 程梦辉.图书中国古代足球 [M].北京：商务印书馆出版社，2008.

[13] [美] 约瑟夫·A，勒克斯巴切尔.足球运动训练项目宝典 [M]北京：人民邮电出版社，2016.

[14] 路云亭. 文明的冲突足球运动在中国的传播 [M]. 上海：上海人民出版社，2015.

[15] 刘秉果，赵明奇.中国古代足球 [M].济南：齐鲁书社，2008.

[16] 周天全.足球与创新 [M].北京：中国人民公安大学出版社，2014.

[17] 杨翼.运动性疲劳与防治 [M].北京：北京体育大学出版社，2008.

[18] 陈易章.足球裁判晋级必读 [M].北京：北京体育大学出版社，2007.

[19] 王中亮.中国报纸足球新闻的后代嬗变 [D].武汉：华中师范大学，2006.

[20] [英] 亨特·戴维斯著；李军花译.足球史 [M].太原：希望出版社，2005.

[21] 理查得·霍金著；杜海坤等译.足球健康 [M].北京：北京体育大学出版社，2005.

[22] 刘广迎.混沌足球 [M].北京：中国经济出版社，2006.

[23] 中国足球协会.国际足球教练员培训教程 [M].北京：人民体育出版社，2005.

[24] 易剑东.体育文化学 [M].北京：北京体育大学出版社，2006.

[25] 里斯·豪威著；阳效译.足球之父 [M].北京：北京体育大学出版社，2005.

[26] 安迪·凯勒，罗伯特·佛左尼著；王国念，张玉冰译.足球心理 [M].北京：北京体育大学出版社，2005.

[27] 中国足球协会.足球教练员培训教程 [M].北京：北京体育大学出版社，2006.